Weihnachtszeit

Oberfränkische Verlagsanstalt Hof
ISBN 3-921615-89-5

Umschlag: Entwurf Adrian A. Senger

BERNHARD KLAUS

WEIHNACHTSZEIT

GESCHICHTEN
LEGENDEN
BRÄUCHE

MIT ILLUSTRATIONEN VON
ADRIAN A. SENGER

OBERFRÄNKISCHE VERLAGSANSTALT
HOF

Der Martinstag, 11. November

Sankt Martin, Bischof von Tours, der „Pelzmärtel"

Wo fränkische Traditionen lebendig sind, da bildet der Martinstag, der 11. November, den Auftakt der Weihnachtszeit. Als „Pelzmärtel" tritt der Heilige ein in die Häuser und beschert die Kinder. Mit ihren selbstgebastelten, bunten Laternen erwarten sie den heiligen Martin an jedem 11. November in der Abenddämmerung und begleiten ihn mit ihren Liedern, wenn er auf einem Schimmel in die Stadt einreitet. „Laterne, Laterne, Sonne, Mond und Sterne", so schallt es im Martinszug durch die Gassen.

Fränkische Bindungen der Martinsverehrung

Die Martinsverehrung war im Mittelalter sehr weit verbreitet. Das bezeugen im deutschsprachigen Raum von Kärnten im Süden bis zu den Hansestädten im Norden zahlreiche Martinskirchen und Altäre, Altarbilder und Skulpturen des Heiligen. Besondere und bleibende Bedeutung erlangte die Martinsverehrung in Franken. Das hat historische Gründe.

Der Frankenkönig Chlodwig wählte nach siegreicher Schlacht im Jahre 507 den hl. Martin, den er zuvor um seinen Beistand angerufen hatte, zum Schutzpatron für sein Haus und sein Volk. Damit blieb Martin der himmlische Mitstreiter im Kampf der Franken und der

Plötzlich aus dem Wolkentor
kommt der gute Mond hervor,
wandelt seine Himmelsbahn
wie ein Haupt-Laternenmann.
Leuchtet bei dem Sterngefunkel
lieblich aus dem blauen Dunkel. Laterne …

Ei, nun gehen wir nach Haus,
blasen die Laternen aus,
lassen Mond und Sternelein
leuchten in der Nacht allein,
bis die Sonne wird erwachen,
alle Lampen auszumachen. Laterne …

Patron für die Landnahme ihrer eroberten Gebiete. Der Weg läßt sich nachzeichnen, den die Eroberer nahmen. Begeben wir uns also auf die Spurensuche:

Es begann mit dem Frankenreich Chlodwigs, dem er 508 Paris zur Hauptstadt gab. Zahlreiche Martinskirchen bezeugen die Martinsverehrung als geistiges Fundament politischer Willensbildung der Franken in Frankreich.

Noch im 6. Jahrhundert gelangte die Martinsverehrung bis an den Rhein; Mainz erwählte den heiligen Bischof von Tours zum Patron, und der Mainzer Dom galt als wichtigste Martinskirche in Deutschland. In Bassenheim bei Koblenz steht noch heute das ursprünglich den Mainzer Dom zierende, wohl älteste und zugleich bedeutendste Steinrelief des hl. Martin. Um 710 erreichten die Franken den Neckar, zehn Jahre später die Regnitz.

Das eroberte Land wurde von den Franken als Krongut in Besitz genommen, d.h. als Eigentum des Königs. Die einzelnen Gebiete wurden durch Beauftragte des Königs planmäßig politisch eingegliedert und wirtschaftlich erschlossen. Die Siedler mußten Abgaben leisten, die an Sammelstellen zu überbringen waren. Zu diesem Zweck wurden an den wichtigsten Punkten „Königshöfe“ angelegt, an die noch heute eine Reihe von Ortsnamen erinnert. Die Königshöfe erhielten Befestigungen und stets auch eine Kirche, die dem hl. Martin geweiht wurde. Mauerreste und Gebäudeteile sind hier und da noch erhalten.

Die Planmäßigkeit des Vorgehens ist erkennbar an der Lage der Königshöfe und der Martinskirchen. Dazu gehören, um ein paar charakteristische Beispiele anzuführen, nördlich von Würzburg in fast gerader Linie die Orte Karlstadt, Hammelburg, Brendlorenzen, Mellrichstadt und nach Osten vorgeschoben Königshofen und Untereßfeld. Von Ochsenfurt in fast gerader Linie nach Süden sind es die Orte Tückelhausen, Gaukönigshofen und Sonderhofen. Hier liegt Gaukönigshofen zentral mit seiner bereits für 741/42 nachweisbaren Martinskirche, die Karlmann dem 741 gegründeten Bistum Würzburg übereignete. Würzburg erwählte sich, wie vorher Mainz, den hl. Martin zum Patron, und Karlmann schenkte dem neuen Bistum im ganzen 26 Kirchen, von denen 13 dem hl. Martin geweiht wurden. Am weitesten nach Osten schob sich die Linie der Königshöfe und Martinskirchen vor bis in den Raum des heutigen Ober- und Mittelfranken. In Nord-Süd-Richtung sind zu nennen: Hallstadt, Forchheim, Erlangen, Fürth, Schwabach, Ellingen, Weißenburg. Forchheim, die Stätte der Kaiserpfalz, erlangte in diesem Raum zentrale Bedeutung.

Auf den Königshöfen waren mit den regelmäßigen Abgaben für den König auch Leistungen für die Martinskirchen zu erbringen. Davon blieb manches bis in die Neuzeit erhalten. Erlosch auch die Zinspflicht gegenüber dem König mit der Änderung der politischen Verhältnisse, so blieb sie doch den Martinskirchen gegenüber bestehen. Selbst die Einführung der Reformation konnte daran nichts ändern. Als Beispiel sei auf die Erlanger Martinskirche verwiesen, die mit verschiedenen, als Lehen vergebenen Liegenschaften dotiert worden war und die Inhaber der Lehen jährlich an Martini

Der Bassenheimer Reiter, ursprünglich zum Martinsdom in Mainz gehörig, jetzt zur Kirche in Bassenheim bei Koblenz, stammt aus der Zeit um 1250. Als eine der ältesten Darstellungen des hl. Martin wird die Steinskulptur dem Naumburger Meister zugeschrieben, der die Stifterfiguren im Naumburger Dom geschaffen hat.

zinspflichtig machte. Johannes Bischoff konnte den Nachweis für solche Lehen an mehreren Orten im Umkreis von Erlangen führen. Hans Kreßel hat aus Akten in der Pfarrei Erlangen-Altstadt ermittelt, daß hier der Martinstag „ein ausgeprägter Zinstag" gewesen war. Ein Schriftstück von 1750 trägt einen Vermerk, betreffend „die Wiesen, bey der neuen Mühl gelegen, welche als ein Martins Lehen zur hiesigen Martins-Bühl und Gottes-Acker-Kirche gehörig ist, wovon zwey Pfund Wachs in natura dahier aljährlich an Martins Tag früh vor der Sonnen Aufgang bey Verlust des Lehens zu liefern" sei. In der sogen. Reinhardt'schen Chronik von 1774–1778 ist folgender, von Kreßel zitierter Vermerk zur Erlanger Martinskirche enthalten: „Es hat diese Kirche noch einige Lehen in den umliegenden Dörfern, sonderlich zu Desendorf (Dechsendorf) im bambergischen. An Martini bringen die Lehensleute früh vor Sonnenaufgang, Wachs, ingleichen Schmalz zu dieser Kirche". Sogar noch bis in das Jahr 1815 reicht ein Kataster-Vermerk zu einem Anwesen in Alterlangen: „Es muß der Inhaber dieses Hofes seine obgedachten 3 Pfd. 6 Pfennige mit 1 Fastnachtshenne am St. Martinstag vor Sonnenaufgang entrichtet haben, sonst fällt das Lehen der gnädigen hohen Herrschaft anheim".

Die Stätten der Martinsverehrung im Mittelfränkischen sind zahlreich, nicht zuletzt in Nürnberg, obwohl sich die Reichsstadt St. Sebald zum Patron gewählt hatte. An die Eingebundenheit in den fränkischen Siedlungsbereich erinnern aber noch immer eine Altartafel mit dem Bild des hl. Martin auf der Kaiserburg, ein Glasgemälde auf dem linken Chorfenster der

Johanniskirche, Martinsreliefs auf Epitaphien des Johannis-Friedhofs und eine Martinsskulptur im Hauptaltar der Rochuskapelle. Umkränzt werden die Nürnberger Stätten der Martins-Verehrung im Norden mit der Martinsskulptur im Hauptaltar der Andreaskirche in Kalchreuth, ferner mit der Martinskirche auf dem Martinsbühl in Erlangen und neuerdings mit dem Martinsbrunnen vor der Chirurgischen Universitäts-Klinik. Im Westen Nürnbergs finden sich die Martinskirche in Fürth und der Martinsaltar in der Heidecker-Kapelle des Münsters Heilsbronn, im Süden die Martinskirche in Schwabach und noch weiter südlich gibt es Erinnerungen an die Martins-Verehrung in Weißenburg. Auch hier war ein Königshof errichtet worden; der Platz „Am Hof" erinnert noch heute daran. Der Überlieferung nach hat sich Karl d. Gr. hier aufgehalten, um die Arbeiten an der Fossa Carolina in Augenschein zu nehmen. Östlich des Königshofes war die Martinskirche gebaut worden, von der sich keine Zeugnisse erhalten haben. Hingegen hat der noch ein wenig weiter östlich entstandene Ort Oberhochstatt bis heute seine Martinskirche.

Von besonderer Bedeutung für die Martinsverehrung in Franken ist die durchweg anzutreffende bildliche Darstellung des Heiligen als eines ritterlichen Helden, der sein Schwert nicht als Marterwerkzeug trägt, wie der mit dem Schwert hingerichtete Paulus, sondern als Waffe, die er selber führt! Im oberbayerischen und österreichischen Raum wird Martin gern im bischöflichen Gewand abgebildet, nicht selten gemeinsam mit dem hl. Nikolaus, wie z. B. im Dom zu Gurk in Kärnten; den Franken aber galt er als Helfer im Kampf und als Urbild ritterlicher Gesinnung, die sich im Dienst an den Schwachen bewährt. In der Legende vom römischen Offizier, der mit seinem Schwert den Mantel zerteilt, um einem frierenden Bettler zu helfen, sahen sich die Franken in ihren eigenen Vorstellungen von der Verwirklichung christlichen Glaubens bestätigt. Das hat nachhaltig weitergewirkt bis hin zur Interpretationshilfe Ernst Jüngers, die Größe des hl. Martin beruhe nicht darauf, daß er half, sondern darauf, daß er sofort half, dem Nächsten am Wege; das sei eine Tat, die an ein Wunder grenzt!

Man ist heute kritischer geworden und rätselt an der Frage: Warum ist er eigentlich damals nicht abgestiegen? Ist das noch christliche Liebe, die nicht herunter will vom hohen Roß? Und warum gab er nur den halben Mantel her?

Ilse Aichinger hat das Problem in die Verse gefaßt:

„Gib mir den Mantel, Martin,
aber geh erst vom Sattel
und laß dein Schwert, wo es ist,
gib mir den ganzen!“

Schauen wir ob solcher kritischer Fragen die bekannte Legende an, die Legende vom heiligen Martin, der in seiner Jugendzeit dem römischen Heer als Offizier angehörte und in der römischen Provinz Gallien Dienst tat. Nach der Überlieferung ist Martin einmal einem frierenden Bettler begegnet, als er auf das Stadttor von Amiens zuritt. Er bemerkte ihn erst, als sein Pferd plötzlich vor dem Bettler scheute. Er konnte es zügeln.

Der Martins-Altar im Münster zu Heilsbronn in Mittelfranken, 1487 von Ludwig v. Eyb gestiftet, wird Michael Wolgemut zugeschrieben. In der Tracht des römischen Offiziers führt Martin ein überdimensioniertes Schwert als Waffe.

Dann schaute er den Bettler an, suchte in der Tasche nach Geld, fand aber keins, zog sein Schwert, durchtrennte mit einem scharfen Hieb den Mantel, den er trug, und warf die abgetrennte Hälfte dem Bettler zu. Um Mitternacht erschien ihm eben dieser Bettler im Traum, bekleidet mit dem Mantelteil, den er ihm zugeworfen hatte, und zeigte ihm – die Nägelmale des Gekreuzigten!

Da erkannte Martin, daß es Jesus war, mit dem er den Mantel geteilt hatte! Jesu Wort hatte sich an ihm erfüllt: „Was ihr getan habt einem unter meinen geringsten Brüdern, das habt ihr mir getan!" (Matth 25,40)

Heute erschrecken wir über diese Art von Wohltätigkeit, der der Gedanke gar nicht kommt, die Verhältnisse zu ändern, die es dem da oben gestatten, auf seinem hohen Roß die Attitüde des ritterlichen Herrn zu wahren, und von dem da unten verlangen, in seinen Lumpen und im Schmutz der Gosse zu vegetieren. Die Gabe des halben Mantels ändert an den Verhältnissen überhaupt nichts, und wir vermissen den Gedanken der Solidarisierung, der mitmenschlichen Würdigung des Schwachen durch den Starken.

Unsere Fragen werden noch viel dringender, wenn wir auf die mittelalterlichen Altarbilder und Skulpturen blicken, die den Vorgang illustrieren. Martin zu Pferd, wie in der Friedhofskapelle auf dem Martinsbühl in Erlangen, oder im Münster zu Heilsbronn – Martin zu Fuß, wie auf einer Altartafel der Kaiserburg in Nürnberg oder als Skulptur auf dem Hauptaltar der Rochuskapelle in Nürnberg oder wo immer es sei im fränkischen Land, – überall fällt der enorme Größenunterschied auf. Martin wirkt wie ein Riese gegenüber dem zwergenhaft klein gehaltenen Bettler. Beim Martin in der Heideckerkapelle zeigt das blanke Schwert, das er schwingt, so erhebliche Dimensionen, daß der Bettler sogar um etliches geringer ist, kleiner, schmächtiger als das Volumen dieser Waffe. Nur bis an Martins Knie reicht der Bettler mit seiner ganzen Gestalt.

Psychologische Erklärungsversuche verdeutlichen nicht die soziale Situation, in der sich der historische Reiteroffizier befand; sie erklären nur die Entstehung heute erkennbarer Mängel in der Bereitschaft zur Kommunikation untereinander und zur Solidarisierung miteinander.

Heute sucht man sie in überkommenen Methoden der Erziehung und der Menschenführung. Eine Annäherung an den Schwächeren, wie die des Erziehers zum Kind, des Chefs zum Untergebenen, auch des Bürokraten der kirchlichen Diakonie zum Hilfesuchenden und wohl auch des väterlich überlegenen Seelsorgers zum ratsuchenden Gemeindeglied, eine solche Annäherung scheint nach den tradierten pädagogischen Grundmustern nur vorstellbar durch ein Hinabbeugen, wie der heilige Martin sich vom hohen Roß zum armen Mann hinabgebeugt hatte.

Das kann man, so werden wir in einer neueren Untersuchung von Alice Miller belehrt, „mit den verschiedensten Namen benennen: wohltun, helfen, schenken, raten, trösten, belehren, sogar dienen, das ändert nichts daran, daß oben oben und unten unten bleibt, und daß der, der nun mal oben ist, sich nicht wohltun, raten trösten, belehren lassen kann und wenn er es noch so nötig hätte, weil in dieser festgefahrenen Konstellation keine Gegenseitigkeit möglich ist, bei aller Liebe kein Funke von dem, was man Solidarität nennt. Kein Elend ist elend genug, daß so einer vom hohen Roß seines demütigen Dünkels herunterkäme“!

Wie konnte ein christliches Fest wie der Martinstag durch eineinhalb Jahrtausende seine Volkstümlichkeit bewahren, wenn der Aussagegehalt der Festlegende mit solchen Fragezeichen versehen werden muß?

Die Antwort wollen wir aus einem geschichtlichen Rückblick zu erheben versuchen. Denn es hat ihn ja gegeben, den heiligen Martin! Er ist keine Gestalt der Legende!

Martinus, der römische Offizier

Die Sichtung des historischen Befundes führt uns in die Zeit der Spätantike, in das vierte nachchristliche Jahrhundert, das zu den erregendsten Zeiträumen der Geschichte zählt.

Am Beginn des 4. Jahrhunderts gellten die Schreie der gefolterten, gequälten Christen während der letzten, der schrecklichsten Christenverfolgung, die es je gegeben hatte. Sie dauerte bis 311. Davon erzählte man sich mit Schaudern in der Kindheit des heiligen Martin, der um 316 geboren wurde.

Am Ende des 4. Jahrhunderts hatten sich die Verhältnisse in ihr Gegenteil verkehrt: Die heidnischen Religionen wurden verboten, die Tempel geschlossen. Jetzt wurde mit der Todesstrafe bedroht, wer ein heidnisches

Opfer darbringen wollte. Fanatisierte Mönche und der ungebildete christliche Pöbel führten Tempelstürme in großem Stile durch. Über das Wehklagen betroffener Heiden wurden keine Quellen bewahrt. Nur die Trümmer der sinnlos zerschlagenen, herrlichen Kunstwerke der Antike bezeugen das Grauen. Als Martin 397 starb, hatte die christliche Kirche über alle Religionen jener Zeit gesiegt.

Das ist der Rahmen, der Martins Leben umschließt.

Um 316 wurde er in Sabaria geboren. Der Geburtsort war die Hauptstadt der römischen Donauprovinz Pannonien; die Stadt liegt im heutigen Ungarn und erhielt im 10. Jahrhundert die Ortsbezeichnung „Stein-am-Anger".

Der Name des Kindes deutet auf seine Herkunft und auf das gedachte spätere Berufsziel: Das lateinische Wort „Martinus" bedeutet, daß der Namensträger dem Kriegsgott Mars zugehört und selber für den Soldatenstand bestimmt war.

Sein Vater, ein römischer Offizier, der in seiner Laufbahn bis zum Militärtribun aufstieg, ging in der Zeit der frühen Kindheit Martins nach Pavia, wohin seine Truppe verlegt worden war. Dort verlebte Martin seine Kindheit und die Schulzeit. Bis zum fünfzehnten Lebensjahr genoß er den Unterricht, wie er den Kindern der oberen Stände zuteil wurde. Sein Elternhaus war heidnisch, wie es in diesem Umfeld zu erwarten war. Mit dem Ende der Schulzeit hatte Martin in das Heer einzutreten, wozu er als Offizierssohn von Gesetzes wegen verpflichtet war.

Bis zu dieser Zeit hatten sich im Römischen Reich Ereignisse in rascher Folge zugetragen, durch die das Christentum zu aufrüttelnden Wirkungen gelangte. Selbstverständlich blieb der junge Martin von den Nachrichten nicht unberührt, die sich förmlich überschlugen:

Kaiser Konstantin hatte seinen bekannt und berühmt gebliebenen Sieg an der Milvischen Brücke errungen nach einer Vision, bei der ihm das Kreuz am Himmel erschienen war mit der Umschrift: „In diesem Zeichen wirst du siegen!“ So geschah es! Kaum waren 311 die letzten Todesschreie gequälter Märtyrer verhallt, da wurde nach dem Sieg 312 den Christen uneingeschränkte Religionsfreiheit gewährt.

Was sich nun in der Öffentlichkeit tat, läßt sich leicht ausmalen an Hand der Gesetze, die die allgemeinen Verhältnisse Schlag auf Schlag änderten: Die kaiserlichen Standarten und die Schilde der Legionäre wurden mit dem Christusmonogramm geschmückt, als ob davon magische Wirkungen zu erwarten gewesen wären. Überall wurde das Kreuz öffentlich gezeigt, nun aber nicht mehr als Marterinstrument einer schrecklichen Passion, sondern als Siegeszeichen der Christen, als ein Attribut des Triumphes der Kirche. Neben Galgen und Rad durfte es auf den Hinrichtungsplätzen nicht mehr errichtet werden; die Todesstrafe durfte nicht mehr mit der Kreuzigung eines Delinquenten vollstreckt werden. Auch das Blut der Gladiatoren durfte nicht mehr vergossen werden. Staatsopfer vor den heidnischen Tempeln wurden eingeschränkt, private Opferhandlungen, die sogenannten Haruspizien, verboten. Dagegen erfuhren Kirche und Klerus Begünstigungen; christliche Gotteshäuser wurden gebaut; für das ganze Imperium wurde die Sonntagsfeier gesetzlich angeordnet.

Kaiser Konstantin berief als glanzvolle Dokumentation seiner Macht im Jahre 325 die erste Reichssynode ein, das Konzil zu Nicäa. Er selbst war an der Leitung beteiligt, er bestätigte die Beschlüsse; ein Höhepunkt der römischen Geschichte schien erreicht: ein Kaiser – ein Imperium – ein Glaube – eine Kirche!

Das war die Stunde, in der Martin als zehnjähriger Knabe mit der Zeit gehen wollte und gern Christ geworden wäre! Aber er durfte es nicht. Die Schule mußte er weiter besuchen, als sei nichts geschehen. Das Verlangen, Christ zu werden, ließ ihn von da an nicht mehr los.

So wirkten zwei Kraftfelder auf ihn ein: Die christliche Welt als die neue Kraft, die sich mit dem aufblühenden Jahrhundert entfaltete und die damalige Jugend mächtig anzog, und die heidnische Welt, die ihn in der Kraft der Tradition seiner Familie und in der glanzvollen Existenzverwirklichung als Offizier für sich beanspruchte.

Schauen wir auf einige Merkmale der neu sich entfaltenden Kraft des christlichen Glaubens:

Die Christenverfolgungen waren vorbei; aber es gab noch Märtyrer, die überlebt hatten. Das Bedürfnis nach ihrer Fürsprache war besonders groß bei denen, die in der Verfolgungszeit nicht standhaft geblieben waren und nun Sühne leisten wollten. Sie wandten sich an die

Märtyrer mit der Bitte um Fürsprache bei der Gemeinde, damit sie wieder aufgenommen würden. „Bittet für uns!" Das wurde bald zum Gebet um Fürbitte bei Gott! Die Märtyrer wurden zu Leitbildern der Frömmigkeit.

Für die Entwicklung Martins wurde die Weiterführung dieser Gedanken nach der Verfolgungszeit bedeutungsvoll. Wie ein Märtyrer wurde nämlich jetzt der Asket gewürdigt, der täglich in Enthaltsamkeit und Entsagung sein Martyrium zu erleiden bereit war. Der Asket wurde der Nachfolger der Blutzeugen, und die Idee des Martyriums ging, umgewandelt in die Form einer täglich zu übenden unblutigen Abtötung, in die Glaubensvorstellungen der neuen Zeit ein.

Märtyrer und Asketen – das waren die Heldengestalten, die vor der Seele des jungen Martin standen als Wegweiser in das Christentum. Ihnen zu folgen, blieb ihm vorerst verwehrt.

Die Kraft der ritterlichen Tradition seiner Familie gelangte zu voller Wirkung, als er mit 15 Jahren die Schulzeit beendete und in das Heer eintrat. Aufnahme fand er bei einer bevorzugten Truppe, einer Reitereinheit der für den unmittelbaren Dienst beim Kaiser bestimmten Garde. Hier umgab ihn militärischer Glanz. Erfolge im Kampf kräftigten das Selbstbewußtsein der Offiziere und Soldaten. Den Gebildeten jener Zeit erschienen sie freilich als ein Haufe roher Menschen. Christen erwartete man nicht unter ihnen. Im allgemeinen wurde es so gehalten: Wer Christ werden wollte, quittierte den Dienst beim Militär.

In Gallien eingesetzt, begann Martin seinen Dienst in einer Provinz, die durch das Militär befriedet worden war und über Voraussetzungen für eine wirtschaftliche Blüte in langen Friedensjahren verfügte. Eine neue, senatorische Aristokratie schuf sich große Landbesitzungen. Die außerordentlich wohlhabenden Senatoren beherrschten das gesellschaftliche und das kulturelle Leben. Diese spätantike Welt führte die klassische Bildung, Kultur und Zivilisation auf ein hohes Niveau.

Gleichzeitig wurde der Abstand zwischen reich und arm zusehends größer. Die Folge war der allgemeine Abstieg Galliens im Lauf des 4. Jahrhunderts zu einer außerordentlich armen Provinz. Die Armen waren in der Mehrzahl. Der Besitz konzentrierte sich in wenigen Händen, es bildeten sich jene immensen Latifundien, die man mit Königreichen verglichen hat. Den Acker aber bebauten die armseligen Hintersassen, denen er nicht gehörte, oder die noch elenderen Sklaven. Um dem unerträglichen Druck der Abgaben zu entgehen, verließen die Kleinbauern Haus und Hof; die Äkker blieben unbebaut liegen. Die kaiserlichen Steuereinnehmer wurden zum Schrecken der kleinen Leute, besonders der Bauern. Salvian, ein christlicher Schriftsteller aus Gallien, der ein jüngerer Zeitgenosse Martins war, berichtet, daß viele römische Untertanen vor den Bedrückungen der Steuereinnehmer flohen und es vorzogen, zu den Barbaren überzulaufen, die sich an den Grenzen bereit stellten, um in Gallien einzufallen.

Der altchristliche Hymnus „Dies irae" – „Tag des Zornes, Tag der Tränen", der das Kommen des Weltenrichters am Jüngsten Tage schildert, zeichnet die Angst und Verzweiflung – mit Bildern von der Ankunft eines spätrömischen Steuereintreibers!

Wenn man das weiß, dann entdeckt man unschwer, wie der arme Mann vor dem Stadttor von Amiens aus dem Dämmerlicht legendärer Unwirklichkeit heraustritt und historische Konturen gewinnt. Nicht nur dieser eine Arme, von dem die Martinslegende weiß, entsprach der Wirklichkeit; sein Schicksal teilten viele!

Der ritterliche römische Offizier, hoch zu Roß, steht für die Realität der Macht. Auch die Gestalt des reichen, adeligen Römers entspricht der damaligen Wirklichkeit in Gallien. Der Bildgehalt der Martinslegende trifft die wahren Verhältnisse.

Die religiöse Aussage – in dem geschundenen armen Mann begegnet Jesus dem reichen Herrn – zwingt zur Überlegung, wozu eigentlicher, in Herz und Gewissen bewahrter Reichtum dient.

Die gebildeten Menschen der damals herrschenden Oberschicht entdeckten darin keine soziale Aufgabe, auch Martin nicht, obwohl er sich innerlich seit seiner Kindheit dem christlichen Glauben verbunden wußte. Den ernst zu nehmenden Menschen, auch den christlich gesinnten unter ihnen, kam die Frage gar nicht in den Sinn, die uns heute zum Problem wird. Das Erlebnis mit dem Bettler führte nicht zur Besinnung auf die Veränderung sozialer Strukturen, sondern wurde als Aufruf zu religiöser Entscheidung verstanden, – auch von Martin, der sich kurz nach der Begegnung mit dem Bettler taufen ließ und danach nur noch zwei Jahre lang im Heeresdienst blieb.

Daß der Bettler Bettler bleibt, konnte schon darum nicht zum Problem werden, weil die Leitbilder des Glaubens – Märtyrer und Asketen – womöglich noch ärmer waren als dieser Bettler und auch von sich aus den Zustand der Armut gar nicht ändern wollten. Im Gegenteil: Sie betrachteten Armut und Verzicht als Dokumentierung ihres Glaubens! Eine mildtätige Gabe hätte den Geber beschämt!

Ein Beispiel diene der Bestätigung. Es ist dem Bericht eines Zeitgenossen des heiligen Martin entnommen über ein Erlebnis, das er bei der Visitation einer Kirche hatte, als er bereits Bischof war:

Es war zur Winterzeit, als Bischof Martin eine Pfarrei besuchte, wo ihm die Kleriker in der Sakristei der Kirche ein wärmendes Feuer entzündeten und ein Lager bereiteten mit reichlich Stroh. „Als sich Martinus zum Schlafen niederlegte, war ihm die ungewohnt weiche Lagerstätte mit ihrer verführerischen Behaglichkeit zuwider. Er war ja gewohnt, auf bloßem Boden, nur auf einer härenen Decke zu schlafen. Er warf daher alles Stroh beiseite, als wäre ihm ein Unrecht angetan." Sulp. Severus erzählt den Vorfall, weil es durch das beiseite geworfene Stroh um Haaresbreite zu einem Schadenfeuer gekommen wäre. Unser Interesse nötigt er ab als Dokument für die Würdigung der Armut durch Martin und seine Zeitgenossen.

Es war aber nicht die Lebensform des römischen Offiziers an sich, die Martin zum Umdenken brachte, auch nicht etwa Gewissensbedenken wegen der verweigerten Solidarisierung mit dem Bettler. Sein inneres Ringen galt allein der zu treffenden religiösen Entscheidung. Diese wurde von Erkenntnissen ganz anderer Art beeinflußt.

Nicht alles, was er im Zusammenhang des Aufbruchs des Christentums im 4. Jahrhundert beobachtete, blieb ermutigend für ihn. Kaiser Konstantin, der über Formulierungen unseres noch heute gültigen Glaubensbekenntnisses mit entschieden hatte, war selber kein Christ geworden! Er duldete alle Religionen, wenn er auch das Christentum bevorzugte; aber taufen ließ er sich erst auf dem Sterbebett.

Inzwischen duldete er die Pflege von Kunst und Kultur in den überkommenen Bahnen der antiken Geisteswelt. Kompromisse wurden eingegangen, Unterschiede eingeebnet.

Es konnte z. B. geschehen, daß ein gelehrter Philosoph zum Bischof gewählt wurde, ohne daß nach der geistlichen Qualifikation gefragt wurde. Einer unter diesen nahm die Wahl an unter der Bedingung, daß er, während er in der Kirche „in Mythen sprechen" würde, als Privatmann die Freiheit behalten dürfe, „nach Art eines Philosophen" zu reden.

Philosophisch-heidnisches Denken gewann die Oberhand, als Kaiser Julian 361 die Herrschaft übernahm. Er wollte das Rad der Geschichte überhaupt zurückdrehen, den Fortschritt des Christentums beenden und eine heidnisch-philosophisch geprägte Staatsreligion einführen.

Das war das Signal für Martin, seinem Leben eine neue Richtung zu geben und den Glaubenshelden zu folgen, für die sein Herz so lange schon schlug. Dazu hielt er den Austritt aus dem Militärdienst für notwendig. Das war kein leichter Schritt für ihn. Die Entlassung forderte er am Tage vor einer Schlacht, die Julian bei Worms erwartete. Dort bedrohten die Alemannen die Grenze. Nach dem Bericht seines Biographen Sulpicius Severus hatte Martin dem Kaiser gesagt: „Bis heute habe ich dir gedient; gestatte nun, daß ich jetzt Gott diene … Ich bin ein Ritter Christi, und es ist mir nicht erlaubt zu kämpfen". Als ihm daraufhin Feigheit vor dem Feind vorgeworfen wurde, gab er zur Antwort: „Will man meinen Entschluß der Feigheit und nicht der Glaubenstreue zuschreiben, so bin ich bereit, mich morgen ohne Waffen vor die Schlachtreihe zu stellen und im Namen des Herrn Jesus mit dem Zeichen des Kreuzes, ohne Schild und Helm, furchtlos die feindlichen Reihen zu durchbrechen."

Es kam nicht dazu; denn am nächsten Tage schickten die AlemannenUnterhändler, so daß der Kampf vermieden werden konnte.

Nun durfte Martin seinen Abschied nehmen.

Bischof Martin von Tours

Den Militärdienst hatte er quittiert. Nun zog sich Martin aus der „Welt" zurück, um als Einsiedler zu leben und sich in asketischer Frömmigkeit zu üben. Zum Lehrer erwählte er den Bischof Hilarius von Poitiers, einen berühmten Theologen jener Zeit.

In seiner Nähe ließ er sich nieder. Bald zogen weitere Asketen zu ihm nach Ligugé. So entstand das erste Kloster in Gallien unter Martins geistlicher Leitung.

Dem Frömmigkeitsideal seiner frühen Jugendzeit – Märtyrer und Asketen – hatte er sich genähert.

Über die Verwirklichung berichtet Sulpicius Severus, einer jener Gefährten.

Wir erfahren von ihm, daß die Hinwendung zu einem ganz neuen Lebensstil das bisherige Erscheinungsbild Martins vollständig veränderte. Gewand und Bewaffnung des römischen Offiziers legte er ab. Er begnügte sich als Mönch und Asket mit einem „kurzen und groben" Rock aus Wolle und Leinwand, „mit dem er – die Brust bedeckt, die Arme nackt – Gott seine Opfer brachte".

Als Vorbilder dienten ihm die morgenländischen Asketen, die als Eremiten in der Wüste oder in einer Wildnis lebten. Die Anziehungskraft und die Bedeutung der asketischen Bewegung, die im 4. Jahrhundert die römische Welt durchzog, lag darin, daß hier eine Gruppe von heimatlosen „Kulturflüchtern" beanspruchte, ein neues Leben nach eigenen Regeln wie „von vorn" anzufangen. Damit erregten sie Aufsehen, wie die Alternativen aller Zeiten, die die Regeln der Gesellschaft durchbrechen. Der Asket damals aber gewann auch Ansehen und wurde als ein „heiliger Mann" gewertet.

Man dachte sich den „heiligen Mann" als jemanden, der Freiheit und eine geheimnisvolle Macht gewonnen hatte. Das war darum so bedeutungsvoll, weil man sich Welt und Menschen als von unsichtbaren dämonischen Mächten belagert vorstellte. Der asketische Eremit war frei von Furcht vor dem Teufel und den Dämonen. Er stellte sich diesen Mächten und wurde so zum Halt und Helfer der in Angst unfreien Menschen.

Die Wirksamkeit des Vorbildes reichte über das ganze Imperium, auch bis Gallien hin und gelangte hier sogar zu ganz besonderer Stärke. Während sich im ländlichen Raum das Heidentum noch lange behauptete, wurde das Christentum die Religion der städtischen Bevölkerung und der Gebildeten. Die neue asketische Frömmigkeit wurde von einem bestimmten Teil der Aristokratie mit aufgegriffen. Das Gefühl elitärer Überlegenheit kam auf, als sich im späten 4. Jahrhundert Angehörige der römischen Senatsaristokratie zum Christentum bekehrten. Sie fühlten sich als eine der übrigen Menschheit überlegene Gruppe, obwohl vielleicht ein Mantel ihr einziger Besitz gewesen sein könnte!

Der Reiteroffizier – wie der am Stadttor vor Amiens – als einer aus der Gesellschaftsschicht, in die er eingebunden war, erscheint aus diesem Aspekt in einer irritierenden Beleuchtung: Die gebildeten Christen – einer elitären Schicht verbunden, auch und gerade unter dem Vorzeichen asketischer Lebensverwirklichung – waren sich ihrer Überlegenheit über den ungebildeten armen Tropf sehr bewußt. Der Abstand war beträchtlich. Sie meinten, das Leben des „wahren Christen" sei etwas völlig anderes als das der „Welt"; er müsse sich daher von dieser fernhalten. Da gab es für den Gedanken der Solidarisierung keinen Raum!

In diese Kreise ist der heilige Martin einzuordnen, der geradezu zum Heros der christlichen gallo-römischen Aristokratie wurde. Erstaunliche Dinge erzählte man sich von seiner Wirksamkeit. Schon zu seinen Lebzeiten wurden Wunderberichte schriftlich festgehalten über Heidenbekehrungen, Krankenheilungen und sogar über Totenauferweckungen. Bald wurde er wie ein Heiliger verehrt, und das wundergläubige Volk strömte ihm zu.

Wer sich einer solchen Wertschätzung erfreut, der kann nicht nur Freunde haben! Gegner Martins traten auf den Plan, als er 372 vom Klerus und Volk zum Bischof von Tours gewählt wurde. Das Volk spielte bei der Wahl eine entscheidende Rolle; aber der Episkopat stellte sich gegen ihn. Nachbarbischöfe widersetzten sich sogar der Aufforderung, bei Martins Amtseinsetzung vor dem Altar mitzuwirken. „Sie sagten", so berichtet unsere zeitgenössische Quelle, „Martinus sei eine verächtliche Persönlichkeit; der bischöflichen Würde sei nicht wert ein Mann von so unansehnlichem Äußeren mit so armseligen Kleidern und ungepflegtem Haar." Dem Episkopat erschien die Ärmlichkeit der Asketen als unwürdige Erniedrigung. Die Abneigung dieser Kreise hat den Heiligen durch seine ganze Amtszeit begleitet.

Die neue asketische Frömmigkeit mit denen, die ihr anhingen, erwies sich jedoch als die stärkere Kraft, und Martin wurde von ihr getragen. Er führte sein bischöfliches Amt, ohne auf seine gewohnte Lebensform zu verzichten. „Nicht die geringste Änderung gegen früher ließ sich an ihm wahrnehmen. Dieselbe Demut wohnte in seinem Herzen, dieselbe Ärmlichkeit zeigte er in seiner Kleidung …

Eine Zeitlang bewohnte er eine Zelle, die an die Kirche stieß. Indes … erbaute er sich etwa zwei Meilen außerhalb der Stadt (in Marmoutier bei Tours) ein Klösterlein."

Hier blieb er nicht lange allein. Sein „Klösterlein“ wurde bald von Hütten und Höhlen seiner Anhänger umringt, so daß sich eine Gemeinschaft ergab mit etwa 80 Mitgliedern. Damit hatte sich die zweite Klostergründung Martins in Gallien vollzogen. Bezeichnend ist es, daß viele seiner Klosterbrüder aus der Aristokratie kamen und ihrerseits auf dem Wege über diesen Kreis auf Bischofsstühle gelangten.

Solche klösterlichen Asketengemeinschaften gaben dem Bischof einen Berufs-Klerus an die Hand und bedeuteten für ihn ein Instrument zur Durchsetzung seiner Macht. Auch Bischof Martin von Tours verfügte über das Machtinstrument, mit dem er das Heidentum der keltischen Gallier mit Gewalt brechen konnte. Mit den Mönchen hat „sein tapferes Draufgängertum die Ausrottung heidnischen Kultes und die Christianisierung des Landes kräftig gefördert.“ (Lietzmann).

Das Heidentum der keltischen Gallier war nicht mit einem Schlage zu beseitigen. Die ersten Anhänger beschränkten sich auf die Bewohner der Städte und hier besonders auf die Kreise der Gebildeten römischer Herkunft, die sich der lateinischen Sprache bedienten. Anders sah es auf dem Lande aus, wo man im 4. Jahrhundert in Gallien noch durchweg keltisch sprach und die Männer der Kirche nicht verstehen konnte. Die Landbevölkerung fand noch sehr lange keinen Zugang zu der neuen Religion. Außerdem stellte die nackte Armut andere Sorgen in den Mittelpunkt ihrer Gedanken und Wünsche als die Fragen der Religion.

Vor diesem Hintergrund erscheint der arme Bettler, dem Martin am Stadttor vor Amiens begegnete, in einem besonders schillernden Licht: War es nicht mit an Sicherheit grenzender Wahrscheinlichkeit ein ungetaufter Heide, dessen Gestalt Jesus angenommen hatte? Was der Christenheit aller Zeiten zu glauben nicht leicht wurde und uns auch heute noch unbequem anrührt, ist die daraus resultierende außerordentlich weit gespannte Interpretationsbreite des Jesus-Wortes von dem „einen unter seinen geringsten Brüdern“! Es gibt keine Schranken! Seine Hautfarbe, sein Bildungsstand, sein sozialer Status, sein Glaube oder Unglaube – nichts hindert die Zuwendung zu ihm! Er muß nicht einmal getauft sein, den Jesus seinen „Bruder“ nennt!

Die Erkenntnis Martins, zu diesen Menschen als Bote Jesu Christi gesandt zu sein, machte aus dem ritterlichen Gardeoffizier des Kaisers einen Ritter Christi, der auch als Bischof der Armen den Kampf gegen den Unglauben mit Entschlossenheit und Tapferkeit führte.

In seiner missionarischen Praxis erwies er sich in der Tat als ein unerschrockener Zeuge, dessen mannhafte Art des Vorgehens gegen das Heidentum wie ein „tapferes Draufgängertum“ anmutet.

Die Martinslegenden berichten übereinstimmend von großem persönlichem Mut des Heiligen, gepaart mit starkem Glauben. Dafür ein Beispiel aus den Berichten seines Biographen:

„Als Martin einen Tempel zerstören wollte, stürzte ein Haufe heidnischer Bauern wütend auf ihn los. Der frechste unter ihnen drang mit gezücktem Schwert auf ihn ein. Da warf Martin den Mantel zurück und bot den entblößten Nacken dem Streiche dar.“ Als der heidnische Bauer zum Schlag ausholte, stürzte er zu Boden. „Erschüttert durch die Angst, die Gott in ihm hervorgerufen, flehte er jetzt um Gnade.“

Alles stand im Dienst der Missionierung der Gallier, auch Hilfen durch Heilungen, wie das folgende Beispiel zeigt:

Als ein Kranker erkannt hatte, daß er durch die Austreibung des Teufels geheilt worden war, da „glaubte er an den Herrn Jesus, ließ sich sogleich unter die Katechumenen aufnehmen und wurde bald danach getauft. Er brachte von da an Martinus, dem er sein Heil verdankte, grenzenlose Verehrung entgegen.“

„Grenzenlose Verehrung“ wurde seiner Gesamtpersönlichkeit zuteil. Das aristokratische Erbe des ehemaligen Offiziers der kaiserlichen Garde war nur im äußeren Erscheinungsbild nicht mehr erkennbar, doch bewährte es sich in seiner ganzen Haltung. Während sich die Bischöfe in Gegenwart des Kaisers im allgemeinen wie Hofschranzen benahmen, wußte Martin auch vor dem Kaiser, der damals in Trier residierte, seine bischöfliche Würde zu wahren. „Mußte er nämlich“, so berichtet sein Biograph, „für andere beim Kaiser Fürsprache einlegen, so tat er dies eher im Ton eines Befehls als einer Bitte.“

Über den Eindruck dieser bischöflichen Persönlichkeit berichtet sein Biograph, er selbst sei „im Banne seiner machtvollen Persönlichkeit“ gewesen, und er erinnert sich: „Welch würdevoller Ernst lag in seinen Worten und Gesprächen! Wie treffend, wie kraftvoll redete er! Wie schlagfertig und gewandt löste er schwierige Fragen! ... Nie habe ich aus einem Mund eine solche

Fülle von Wissen, so trefflichen Geistes und klarer Rede vernommen"! Und „niemand hat ihn je zornig, aufgeregt, traurig, niemand hat ihn lachen gesehen. Er blieb immer gleich!"

Zur wissenschaftlichen Theologie hat Martin keinen Beitrag geleistet. Seine Begegnungen mit dem Arianismus und mit den Anhängern des spanischen Sektierers Priscillian waren weniger von theologischen Einsichten gelenkt als vielmehr von Grundsätzen unbestechlicher Gerechtigkeit vor allem auch gegenüber Andersdenkenden.

Seine Einsichten gewann er aus dem trinitarischen Glaubensbekenntnis. Aus diesem, sowie aus dem Reliquienkult und den Visionen guter und böser Geister setzte sich sein Christentum zusammen; aber „ein kräftiger, gesunder Erdinstinkt, ein frischer, energischer Betätigungstrieb verschafften seiner vielseitigen Wirksamkeit als Mönchsvater, als Heidenmissionar und als Volksarzt unbeschreibliche Erfolge!" (Bernoulli)

Der Heilige starb 397, als er von Tours unterwegs war in eine seiner Pfarreien, wo es galt, einen Streit zu schlichten. Er erkrankte in Candes an der Loire. Als ihn seine Freunde bequemer betten wollten, wehrte er sie ab mit den Worten: „Laßt mich, Brüder, lieber zum Himmel als zur Erde blicken, damit mein Geist, der sich schon anschickt, zum Herrn zu gehen, die Richtung einhalte." Noch zuletzt meinte er, der Teufel stehe neben seinem Lager. So waren dies seine letzten Worte: „Unheilstifter, du wirst an mir nichts finden! Mich nimmt der Schoß Abrahams auf!"Sein Biograph berichtet: „Nach diesen Worten gab er seinen Geist auf.

Die dabei waren, haben mir bezeugt, sie hätten sein Antlitz leuchten sehen wie das eines Engels.“

Zum Begräbnis wurde die Leiche heimlich im Schutz der Nacht von Candes nach Tours gebracht, erhob doch das Bistum Poitiers den Anspruch, Martin dort beizusetzen, wo er einst seinen Ausgang genommen und in dessen Nähe er nun verstorben war.

Als sich dann der Leichenzug Tours näherte, kam es zu einer feierlichen Prozession: „Die ganze Stadt eilte der Leiche entgegen; von den Höfen und Ortschaften waren alle herbeigekommen, viele auch aus den benachbarten Städten. Es sollen gegen zweitausend an jenem Tag zusammengekommen sein.“

Der Leichenzug sei nicht mit den üblichen Leichenzügen zu vergleichen gewesen, er glich vielmehr einem Triumphzug, versichert der Biograph: „Mögen die Triumphatoren mit den gefesselten Gefangenen vor dem Wagen immerhin die Welt besiegt haben, der Leib Martins wurde von solchen geleitet, die unter seiner Führung die Welt überwanden. Mögen jene vom tollen Beifallsgeschrei der Menge geehrt werden, dem Martinus jubelte man zu mit göttlichen Psalmen, Martinus huldigte man mit himmlischen Gesängen.“

Der Heilige der Franken

Der einst ausritt im Mantel des kaiserlichen Offiziers, kehrte heim als Triumphator im Dienst eines anderen, größeren Herrn! Dies Bild vom heiligen Martin hat sich der christlichen Überlieferung unverlierbar eingeprägt.

Nicht als mönchischer Asket, ruppig, struppig und ungepflegt wie ein Alternativer, lebt er weiter; auf weißem Pferd, mit dem roten Mantel des römischen Gardeoffiziers bekleidet, bewaffnet mit einem blanken Schwert, so reitet er ein – in die Welt der Legende!

Wo er aber an den Altären als Heiliger im Bischofsornat ehrende Würdigung erfährt, da tritt zuweilen als Attribut eine Gans hinzu, die Martinsgans, von der die historische Überlieferung über den Ritter und Heiligen nichts weiß.

Im Nebeneinander des ritterlichen Wohltäters mit Mantel und Schwert und der bischöflichen Gestalt mit der Gans als Attribut begegnen sich die beiden sehr verschiedenen Überlieferungsströme, die den Martinstag prägen bis heute. Der eine folgt der historischen Gestalt des Heiligen, der andere ist an das Datum des Martinstages gebunden und knüpft bei Gebräuchen des Herbstfestes aus vorchristlicher Zeit an.

Unsere Aufmerksamkeit gilt zunächst der Heiligenverehrung, die Martin zuteil wurde. Auch dafür steht eine hervorragende Quellenschrift zur Verfügung. Wir verdanken sie dem Bischof Gregor, einem der Nachfolger Martins auf dem Bischofsstuhl von Tours. Sein Buch wurde ungefähr 100 Jahre nach Martins Tod veröffentlicht. Es liegt den folgenden Informationen zugrunde.

Schon bald nach seinem Tode bemächtigte sich die Legendenbildung des heiligen Martin. Es fing damit an, daß seiner Wirksamkeit sogleich erstaunliche Nachwirkungen folgten. In jener schrecklichen Zeit der Liquidierung des Römischen Reiches unter den Schlägen der Barbaren im ganzen 5. Jahrhundert, der Liquidierung von Kultur und Zivilisation, entstanden zahlreiche Klöster als sichtbare Fortsetzung der beiden Gründungen des heiligen Martin. In den Klöstern fühlte man sich unter seinem fortdauernden Schutz geborgen. Die Mönche verehrten ihn als ihren ganz besonderen Patron. Hier gedieh der Glaube und nur hier konnte man wahre Menschlichkeit erfahren. Nur in den Klöstern wurden die noch verfügbar gebliebenen Reste antiker Literatur für eine kultiviertere Zukunft aufbewahrt. Im Mittelpunkt stand für alle Klosterleute in Gallien die Kirche des heiligen Martin in Tours, die über seinem Grab errichtet wurde, ein Wallfahrtziel ungezählter Pilgerscharen.

Martins einbalsamierter Leib wurde in einen reich verzierten Sarkophag gelegt. Darüber erhob sich ein von vier Marmorsäulen getragener Baldachin. Hinter dem Altar bildete er den Mittelpunkt eines für das Grab des Heiligen reservierten Teiles des Gotteshauses, so daß den Wallfahrern, auch den vielen Kranken, die vom Heiligen Heilung erhofften, ein großer Raum um das Grab verfügbar war.

Die Kirche des heiligen Martin bewährte sich als Zufluchtsort für alle, die Hilfe suchten, auch für Verfolgte, die Schutz brauchten. Das ergab sich für manchen als bittere Notwendigkeit, als die Franken in Gallien einfielen, diese römische Provinz eroberten und in ihren dauernden Besitz nahmen. Im Bannkreis der Kirche und der Gebeine Sankt Martins ließen auch barbarische Verfolger von ihren Opfern ab.

Mit den Kriegerheeren der Franken brach bald nach Martins Tod im 5. Jahrhundert eine Periode nicht enden wollender Schrecken ins Land; alles wurde zerschlagen und aufgelöst. Nur die christliche Kirche blieb bestehen, und die Kirche in Gallien, das waren die Klöster mit der Martinskirche in Tours als ihrem zentralen Heiligtum. Es dauerte nicht lange, bis auch fränkische Edle an Martins Grab Hilfe suchten und Hilfe fanden. Allmählich gelangen Annäherungen.

Zum Anschluß der Franken an die Kirche kam es durch die Taufe ihres Königs Chlodwig aus dem Geschlecht der Merowinger an Weihnachten 496 in Reims. Das Volk der Franken schloß sich der Entscheidung des Königs an. Damit bahnte sich zugleich die Verschmelzung der fränkischen Eroberer mit der unterworfenen Bevölkerung Galliens an und das bedeutete die eigentliche Begründung des Frankenreiches.

Chlodwig, dem daran gelegen war, die Mönche der für Gallien so wichtigen Klöster für sich zu gewinnen, erwählte ihren Heiligen Martin von Tours zu seinem himmlischen Mitstreiter und Generalissimus, als er in den Kampf gegen die Westgoten zog. Nachdem er 507 den Sieg errungen hatte, bestellte er den Heiligen, der sich ihm so hilfsreich erwiesen hatte, zum Schutzpatron für sich, für seine königliche Familie und für sein ganzes Reich. So war Bischof Martin von Tours der Heilige der Franken geworden.

Dem Heiligen erwies er eine Ehrenbezeigung besonderer Art, über die Bischof Gregor berichtet:

Nach dem Sieg Chlodwigs über die Westgoten verlieh ihm der Kaiser des Oströmischen Reiches den Titel eines Patricius und Konsul. Damit war der Frankenkönig in die Zahl der höchsten Würdenträger des Römischen Reiches eingereiht worden, und eine neue Phase seines Herrscheramtes setzte ein. Chlodwig begann sie in Tours: „Er legte in der Kirche des heiligen Martinus den Purpurrock und den Mantel (= die Tunika und das Staatsgewand) an und schmückte sein Haupt mit einem Diadem. Dann bestieg er ein Pferd und streute unter das anwesende Volk mit eigener Hand Gold und Silber auf dem ganzen Wege von der Pforte der Vorhalle (der Kirche des heiligen Martinus) bis zu der Bischofskirche der Stadt mit der größten Freigebigkeit aus; und von diesem Tage an wurde er Konsul oder Augustus genannt. Von Tours ging Chlodwig nach Paris und machte dies zum Sitz seiner Herrschaft“, errichtete hier einen Palast und baute die Mauern.

Bedenkt man das große Gefolge und den öffentlichen Prunk, ohne den Chlodwig seinen Triuphzug in Tours und die öffentliche Dokumentation seiner Freigebigkeit nicht durchgeführt haben dürfte, so erstrahlt von der Kirche des heiligen Martin, dem Ausgangsort und Fundament der Herrschergewalt des neuen Augustus, ein Licht auf ihn und auf das Reich der Franken.

Den Weg nach Paris als Hauptstadt hatten die Merowinger vom Grabe des heiligen Martin aus angetreten, und es ist auch bezeichnend, daß Chlodwigs Frau, Königin Chrodechilde, nach ihres Gatten Tode von Paris nach Tours zurückkehrte. Der Chronist berichtet: „Dort diente sie bei der Kirche des heiligen Martinus und verlebte in höchster Keuschheit und Wohltätigkeit alle Tage, die ihr noch beschieden waren.“

Wir erinnern uns, daß Martin zu seinen Lebzeiten das Leben im Soldatenstand mit dem Leben als Christ nicht zu vereinbaren vermocht hatte. „Ich bin ein Ritter Christi; es ist mir nicht erlaubt zu kämpfen“ – damit hatte er sein Entlassungsgesuch aus dem Wehrdienst begründet.

Bei den kriegerischen Franken, die ihren Patron als ihren himmlischen Mitstreiter verstanden, sah das ganz anders aus. Die fränkischen Könige bedienten sich einer Relique Martins, nämlich seiner Cappa, als Feldzeichen. Die Cappa war der Mantel, den Martin als Bischof getragen hatte. Ohne diese Reliquie zogen die fränkischen Könige nicht in den Kampf. Sie bestärkte den Glauben an den Beistand des „Ritters Christi.“

Den Heiligen der gallischen Mönche riefen nun die fränkischen Krieger als ihren Heiligen an; sie flehten um seinen Beistand im Kampf. Ein charakteristisches Beispiel hat Bischof Gregor von Tours überliefert:

Der Frankenherzog Dracolen, der zum Zweikampf mit Gunthram antrat, „gab seinem Pferd die Sporen und stürmte auf ihn los; aber der Stoß ging fehl, seine Lanze zersplitterte, und das Schwert sank ihm zur Erde. Als Gunthram den Tod über seinem Haupte schweben sah, rief er den Namen des Herrn und die große Kraft des heiligen Martinus an. Er erhob seinen Speer, traf Dracolen an der Kehle und hob ihn aus dem Sattel. Einer von seinen Freunden durchbohrte ihm schließlich mit dem Speer die Seite und machte ihm so den Garaus.“ Da also hatte der Sieger im Streit seinen Sieg der großen Wundermacht des heiligen Martin zuzuschreiben, der selber ein tapferer Krieger gewesen war!

Hatte es während des ganzen 4. Jahrhunderts, zu Lebzeiten Martins, in der Vorstellungswelt der Christen für einen Soldatenheiligen keinen Platz gegeben, so konnte bei den Franken bereits vom 5. Jahrhundert an ohne weiteres der heilige Martin als römischer Offizier dargestellt werden, der mit scharfem Schwert seinen Mantel durchtrennt.

Seitdem reitet der heilige Offizier und Ritter Christi durch die Legenden, die jede Zeit zu neuer Interpretation reizen.

Brauchtum am Martinstag

In der Praxis der Martins-Verehrung kam es zu ungewöhnlichen Erscheinungsformen. Neben den üblichen Messen am Gedenktage des Heiligen in den Gotteshäusern wurde der Martinstag mit festlicher Freude und Ausgelassenheit in den Häusern begangen. Darüber berichtet Sebastian Franck in seinem „Weltbüchlein" von 1534 mit ausdrücklichem Bezug auf die Franken: „St. Martins- und St. Niklaus-Fest celebriert dieses volk wundernerlich, doch vnterschidlich. St. Martin im hauß ob tisch, St. Niclas in der kirchen. Erstlich loben sy St. Martin mit guotem wein, geußen bis sy voll werden. Unselig ist das hauß, das nit auf des nacht ein gans zu essen hot, da zapfen sy gar neuen wein an, den sy bisher behalten haben."

Sebastian Francks Mitteilung, „unselig" sei das Haus, in dem der nächtliche Schmaus nicht stattfinde, läßt auf religiöse Vorstellungen in der Verknüpfung mit

Im Schnee, da saß ein armer Mann,
hat Kleider nicht, hat Lumpen an.
„O helft mir doch in meiner Not,
sonst ist der bittre Frost mein Tod!“

Sankt Martin zieht die Zügel an.
das Roß steht still beim armen Mann.
Sankt Martin mit dem Schwerte teilt
den warmen Mantel unverweilt.

Sankt Martin gibt den halben still,
der Bettler rasch ihm danken will.
Sankt Martin aber ritt in Eil
hinweg mit seinem Mantelteil.

älteren Kultgebräuchen schließen. Darauf weist ganz besonders auch der Termin des Martinsfestes hin. Ihren Heiligen verehren die Franken an seinem Sterbetag, am 11. November.

Nun war der Herbsttermin für die Feier eines religiösen Erntefestes aus vorchristlicher Zeit schon sehr besetzt. Daran war im Volk nichts zu ändern. Es läßt sich hier wie im ganzen Festkalender immer wieder beobachten, wie das Volk einem alten Fest irgendeine Beziehung zur neuen Religion zu geben versuchte, um die althergebrachten Festbräuche beibehalten zu können.

Noch gegen Ende des 6. Jahrhunderts beklagte die Synode von Auxerres, daß man an Heiligentagen, besonders am Martinstag, nächtliche Schmausereien in den Kirchen halte; man tanze dabei zum Gesang der Mädchen! Das waren die früheren Opfermahlzeiten und Opferfeste, die man einfach in die Kirchen hineingenommen hatte!

In Frankreich sind viele Redewendungen aus dem Bereich froher Zechergelage eine Verbindung mit dem Namen Martins eingegangen. So heißt z. B. „martiner" über den Durst trinken, und der Rausch des Weintrinkers hat die Bezeichnung „le mal de Saint-Martin" erhalten. Den „Martinstrunk" kennt man auch bei uns!

In Deutschland sind viele Bräuche des alten, dem Gott Wodan geweihten Herbstdankfestes auf den Martinstag übergegangen, so daß man in der Forschung von einem „Wodans-Charakter des deutschen Martin" gesprochen hat.

Zum Erntedank werden Wodan Opfer dargebracht von allen Früchten in Feld und Garten und vom Vieh auf der Weide und im Stall. Im Westfälischen ist bis heute der Brauch lebendig geblieben, am Erntedanktag einen Kranz aus allen geernteten Getreidesorten, geschmückt mit Blumen und Früchten aus dem Garten, sowie mit Hühnereiern, an einem Holzgestell in Kreuzform in die Kirche zu tragen und am Altar aufzustellen. Gekrönt wird dieser Kranz mit einem holzgeschnitzten Hahn als einem letzten Symbol der einstigen Tieropfer. Nach dem Gottesdienst werden Kranz und Hahn heimgetragen und allgemein sichtbar am Scheunentor befestigt und dort als Erntedanksymbol aufbewahrt bis zum Beginn der nächsten Ernte. So blieben Heidnisches und Christliches miteinander erhalten!

„Eine Fastnachtshenne (!) am St. Martinstag" gehörte zu den jährlichen Zinsleistungen für ein Erlanger Martinslehen (s. S. 10 oben); auch sie dürfte der Schmauserei gedient haben wie alle Opfertiere seit eh und je. Weitaus bekannter blieb jedoch eine andere Gattung des Federviehs als Opfertier: die Gans! „Geopfert" wurde ihr Blut; das Fleisch wurde verspeist. Das ist das Schicksal der Martinsgans bis heute. Sie ist ein Überbleibsel aus dem vorchristlichen Herbstdank- und Opferfest.

Viel früher noch als aus Sebastian Francks Bericht ist die Gans als Attribut des Martinsfestes nachweisbar; sie wurde sogar, wie Schwert und Mantel, zu einem Attribut des Heiligen selbst. So schmückt die Skulptur einer Gans das Dach der alten Martinskirche zu Worms und vermittelte dem Betrachter den Eindruck, auf dem Dach sitze eine Gans als Attribut des hl. Martin! Auch eine westfälische Quelle führt in alte Zeiten zurück: In den Annalen des Klosters Corvey findet sich die Notiz, im Jahre 1171 habe Othelricus de Swalenberg der Abtei von Corvey „argenteum anserem in festo sancti Martini" zum Geschenk gemacht.

St. Martin im bischöflichen Gewand mit der Gans auf dem Evangeliar als Attribut. Altar-Skulptur im Dom zu Gurk/Kärnten.

Sichere Datierungen der Anfänge, die Gans zum Bestandteil des Martinskultes zu machen, fehlen; man begnügt sich mit allgemeinen Feststellungen wie dieser: „Das Alter dieses Gebrauchs ergibt sich aus den alten Runenkalendern, in welchen das Fest des hl. Martin (11. Nov.) durch eine Gans bezeichnet ist. Früher wurden zu diesem Tage vielfach auch ein Schwein und ein Rind geschlachtet." Jedenfalls zählte die Gans zu den unentbehrlichen Riten; „unselig" das Haus, in dem sie etwa fehlte!

Es hat nicht an Versuchen gefehlt, Legenden zu erdenken, damit der hl. Martin und die Martinsgans zusammenpassen. Die bekannteste, aus der Legenda aurea, will Martins Demut bezeugen, der sich im Gänsestall versteckt habe, um nicht das Amt des Bischofs übernehmen zu müssen, vom Geschnatter der Gänse aber verraten worden sei. Darum trägt Martin, wenn er mit einer Gans dargestellt wird, immer das bischöfliche Gewand, so z. B. auf dem Hochaltar des Klosters Weltenburg, wo eine Gans zu Füßen des heiligen Bischofs flattert! Die Quellen wissen aber nichts davon, daß Martin ohne Gans kein Bischof geworden wäre!

Zum Opferschmaus gehört der Wein:

In Weinbaugebieten trinken die Winzer, oft sogar im Rahmen eines festlichen Banketts, den Martinstrunk oder Märteswein, – im Blick auf eine gute Ernte im künftigen Jahr.

In alter Zeit wurde Wodan ein Trankopfer dargebracht, „Wodansminne" genannt, auch als „Odinsminne" bekannt. Daraus ist die Martinsminne geworden, die heute zur Martinsgans genossen wird. Im Althochdeutschen bedeutet „Minne" soviel wie Erinnern und Gedenken. „Minne trinken" bedeutet ursprünglich, bei festlichem Anlaß einem Gott oder einem Toten einen Becher Wein weihen; auch das Totengedenken wurde in das alte Herbstfest einbezogen.

Der Lichterzug der Kinder an Martini gehört nach seinem Ursprung ebenfalls zu den Ritualen des Totengedenkens beim Herbstfest. Eine Untersuchung altdeutscher Kultgebräuche ergab, daß die Zeit der Dankopfer für die erhaltene Erntefülle zugleich eine allgemeine Totenfeier war, wo Sühneopfer für die Verstorbenen gebracht wurden, von deren Gunst der Reichtum der Ernte abhing. Einen Hinweis bietet das nachweislich seit dem 8. Jahrhundert als „Sisetac" bezeichnete Herbstfest in Augsburg, auf den später das Kirchweihfest fiel. „Sisetac" bedeutet im Althochdeutschen so viel wie Totenfest. In Augsburg wurde der Tag durch nächtlichen Umritt mit vorgetragenen Lichtern, Tanz, Pfeifenspiel und Zechgelage gefeiert.

Heute wird der Umritt nur noch von einem als Sankt Martin verkleideten Reiter auf weißem Pferd begangen, dem die Kinderschar mit ihren bunten Laternen folgt. Und auf den Gräbern flackern seit Allerseelen die Totenleuchten, die Armeseelenlichter.

Mit der Ernte war das bäuerliche Jahr abgeschlossen, und der Martinstag galt als „wirklicher Anfang des Winters und eines neuen Wirtschaftsjahres", als „ein ausgeprägter Zinstag" (s. oben), an dem gegebenfalls durch säumige Zahler ein Martinslehen neu zu vergeben war. Der Martinstag war auch der Termin für den

Gesindewechsel. Der Martinswecken gehörte dazu; er „dingt das Neujahr an", wie man sagte, nämlich als Geschenk des Bauern an sein Gesinde. Die Kinder wurden mit bedacht. Noch immer empfangen die Kinder, die mit ihren Laternen und ihren Liedern auf den Lippen dem hl. Martin das Geleit gaben, nach Beendigung des Umzuges ihren Martinswecken.

Wo Martinshörnchen gereicht werden, da lebt etwas weiter – auch wenn man sich dessen nicht mehr bewußt ist – von der einstigen Erinnerung an die Hufeisen von Wodans Pferd: Martin wird mit Wodan identifiziert, und es wird von ihm auch gesagt, er trage Wodans Mantel. So erlangt das geteilte Tuch mythische Dimensionen.

Daß Martin auf einem Schimmel reitet, ist ein weiterer Beleg für die Übertragung des mythischen Bildes vom Schimmelreiter, unter dem Wodan zu verstehen ist, auf den heiligen Martin.

In vorchristlicher Zeit meinte man, als Schimmelreiter besuche Wodan zur Winterszeit, bekleidet mit einem warmen Pelz, die Armen und beschenke die Kinder. Mit dem Christentum gewann Wodan wieder Gestalt als „Knecht Rupprecht", des Christkinds Knecht. Wenn er aber an Martini die Martinswecken bringt und vielleicht auch noch mehr erwünschte Geschenke oder womöglich gar die Rute, dann schlüpft Wodan am 11. November in die Gestalt Sankt Martins und kommt als „Pelzmärtel" zu den Kindern.

Alle diese Übertragungen althergebrachter Vorstellungen auf Sankt Martin und die die Zeiten überdauernden Festbräuche bezeugen nicht nur das Fest-

Das Deckengemälde in der Klosterkirche Weltenburg von C. D. Asam, 1721 signiert, zeigt St. Martin in bischöflichen Gewändern mit der Gans – in der ausgelassenen Feststimmung des Martinstages. Darunter als Stuckbüste das Selbstporträt von Cosmas Damian Asam, der die Betrachter aus dem Kuppelrand anlächelt.

halten liebgewordener Gedanken und die Bewahrung ältesten Brauchtums, sie bekunden auch die beispiellose Verehrung, die der heilige Martin im ganzen westlichen Abendland, besonders in Franken genoß.

Die mittelalterliche Kirche hatte einen Weg der Adaption der vorchristlichen Festgebräuche mit ihren Schmausereien und Gelagen an das Martinsfest gefunden: Mit dem Sonntag nach Martini begann die Adventszeit als eine vierzigtägige Fastenzeit, in der man sich auf das Weihnachtsfest rüstete, wie man sich im Frühjahr mit der vierzigtägigen Fastenzeit auf Ostern vorbereitete. Noch im ausgehenden Mittelalter begann der Advent am ersten Sonntag nach dem Fest des hl. Martin. Diese vierzigtägige Fastenzeit wurde „Martinusquadragesima" genannt.

So stand unmittelbar vor dem Beginn beider Fastenzeiten jeweils ein turbulent gefeiertes Fest, ausgestattet mit allen Genüssen, die man dann 40 Tage lang entbehren mußte, – wie im Frühjahr die Karnevals- oder Fastnachtstage, so im Herbst der Martinstag. In Oberitalien sind am 11. November noch immer Gebräuche nach Art des Fastnachtstreibens im Schwang; ein Lied, das am Martinstag im Veneto und in der Lombardei gesungen wird, schließt mit den Worten: „Viva, viva Carnoál" (= Carnevale). Also steht hier am 11. 11. ein Karneval ins Haus, eine Fastnacht, die erst durch eine ihr folgende Fastenzeit ihren Sinn gewinnt. Im Mittelalter galt diese Sinngebung. Die Henne, die der zinspflichtige Bauer an Martini der Erlanger Martinskirche zu überbringen hatte, wurde als „Fastnachtshenne" bezeichnet (s. oben). Das ist deutlich! Martinsgans und

Martinstrunk, Martinswecken und nächtliche Lichterumzüge mit Musik, Gesang und Tanz fanden so ihre kirchliche Legitimierung. Der Auftakt des rheinischen Karnevals und der Mainzer Fastnacht alljährlich am 11. 11. bildet den letzten Erinnerungsrest an die Turbulenz am Fest des hl. Martin.

Die Adventszeit ist heute auf nur noch vier Adventssonntage geschrumpft, obwohl die gottesdienstlichen Lesungen an den beiden vorhergehenden Sonntagen ihren adventlichen Charakter deutlich dokumentieren. Die liturgische Ordnung der Gottesdienste weist die vierwöchige Adventszeit zwar noch immer als Fastenzeit aus; aber in der Praxis des Gemeindelebens hat die Vorfreude auf Weihnachten den Gedanken verdrängt, daß Adventszeit Fastenzeit ist. Das konnte nicht ohne Konsequenzen für das Verständnis des Martinstages bleiben: Bestehen blieb er nur noch als ein praktisch aus dem Kirchenjahr ausgeklammertes, isoliertes Kinderfest, dessen Sinn nicht mehr erkennbar ist.

Als ein Kinderfest wird er überall gefeiert, wo fränkisches Erbe weiterlebt. Bis heute ist wenigstens auch die Aufforderung zur tätigen Nächstenliebe als Festinhalt geblieben. Die Kinder erinnern daran mit ihrem Lied:

„Sankt Martin! Sankt Martin!
Am Weg da sitzt ein armer Mann,
hat Kleider nicht, hat Lumpen an.
O helft ihm doch in seiner Not,
sonst ist der bittre Frost sein Tod!"

Damit tritt die eingangs gestellte Frage wieder vor uns hin. Wir stellen sie erneut, nachdem wir die Wege des hl. Martin und die Geschichte der Martinsverehrung abgeschritten haben.

Sein Biograph betonte Martins Armut schon in seiner Offizierszeit, weil er seinen Besitz schon immer an andere verteilt habe: „Von seinem Kriegssold behielt er nur das für sich, was er für den täglichen Unterhalt brauchte … er besaß bald nichts mehr als seine Waffen und ein einziges Soldatengewand." Dazu wird versichert: „Er half bei schwerer Arbeit mit."

Geteilt habe er mit seinem Offiziersburschen auch alle anfallende Arbeit und die täglichen Dienstleistungen, die er im Rollentausch mit dem Burschen als seinem Diener zur gegenseitig zu leistenden Aufgabe machte.

Der Rollentausch ist der Schlüssel auch für die Interpretation der Martinslegende, und so ist dies das Fazit:

Wie vor dem Stadttor von Amiens, so geht es auf allen Straßen des Lebens um ein gegenseitiges Geben und Nehmen. Das lehren die beiden Gestalten, der heilige Martin auf dem hohen Roß und der arme Bettler im Staub der Straße. Der gewiß anerkennenswerten Gabe des halben Mantels folgte die schlechthin überwältigende Gegengabe der gnädigen Annahme dieser Gabe in der Offenbarung des Gekreuzigten, die wie eine Erneuerung des Auferstandenen anmutet.

Geben und Nehmen, das ist in der Legende vom edlen Ritter und Bischof Martin so ineinander verwoben, daß eine ganz andere Frage als die eingangs gestellte mit großer Dringlichkeit aufbricht, eine Frage, die sich nicht leicht beantworten läßt: Wer ist hier eigentlich der Beschenkte? –

Eine ebenso tiefsinnige wie innige Antwort findet sich als Interpretation der Martinslegende in den Versen des Dichters Albrecht Goes:

„Nicht Pferd, nicht Mantel. Nur dies karge Tuch.
Und dieser Hände nur und dieses Blicks
Verwandelnde Gewalt: wer gibt, wer nimmt?
Glück wohl: des Nehmers Glück. Und größer noch
Des Gebers Glück: dies, daß der Nehmer nahm.“

„Nicht Pferd, nicht Mantel; nur dies karge Tuch“ – damit wehrt der Dichter der Ablenkung auf Nebensächlichkeiten durch das Bild eines strahlenden Ritters hoch zu Roß. Nur dies ist von Belang: der unerwartete Augenblick, an dem zwei Menschen von so verschiedener Prägung urplötzlich einander begegnen, sich ge-

genseitig ihrer so gewahr werden, daß sie voneinander erfaßt werden: „Und dieser Hände nur und dieses Blicks verwandelnde Gewalt!“

Das ist der Augenblick, an dem die Rollen ausgetauscht werden und von da an sich immer wieder neu verteilen: „wer gibt?, wer nimmt?“

Das Vertrauen, mit dem der Beschenkte nimmt, ohne Scheu seine Armut und Not nicht verbergend, wirkt zurück und wird zur Fülle, die dem Geber zufließt: „Glück“ ist wohl das Beschenktwerden zu nennen, „des Nehmens Glück“. Aber größer noch ist des Gebers Glück, der dies erlebt hat, „daß der Nehmer nahm!“

Der Nikolaustag, 6. Dezember

St. Nikolaus, Bischof von Myra, der „Weihnachtsmann"

Als „eine Gestalt aus dem Traumland der Kindheit" öffnet Sankt Nikolaus an jedem 6. Dezember den Ausblick in die Weihnachtszeit. Er erscheint den Kleinen und weist die Großen in die Tage der eigenen Kindheit zurück. Wir erinnern Gefühle zwischen Angst und Freude, wie Theodor Glaser sie so anschaulich aus eigenem Erleben geschildert hat:

„Manchmal kam St. Nikolaus allein, manchmal war er begleitet von Knecht Rupprecht oder dem Krampus. Einmal erschien er im bischöflichen Ornat, ein andermal im roten Mantel mit der Kapuze, verborgen hinter einer Maske und mit langem, weißen Bart geschmückt. Andächtig lauschte ich seinen Worten und wunderte mich über seine allwissenden Fragen. Schließlich ging alles gut hinaus; die Rute blieb im Sack und aus dem Sack kamen Apfel, Nuß und Mandelkern."

So dominierte noch allemal die Freude, und mit den Kleinen freuen sich noch immer Jung und Alt auf den Nikolaus!

Aus dem Leben des Bischofs Nikolaus

Wer war der heilige Nikolaus? Was weiß man von ihm? – Sehr wenig, muß die Antwort lauten, oder noch genauer: An historisch gesicherten Nachrichten ist so gut wie nichts vorhanden. Daß es ihn aber überhaupt nicht gegeben habe, kann man auch nicht behaupten. Das legendäre Überlieferungsgut ist so dicht auf diese bischöfliche Individualität der Frühzeit der Kirche kon-

Dann stell ich den Teller auf,
Niklaus legt gewiß was drauf.
Lustig …

Wenn ich schlaf, dann träume ich:
„Jetzt bringt Niklaus was für mich!"
Lustig …

Wenn ich aufgestanden bin,
lauf ich schnell zum Teller hin.
Lustig …

Niklaus ist ein guter Mann,
dem man nicht g'nug danken kann.
Lustig …

zentriert, daß im Dämmerlicht der Vergangenheit eine geradezu idealtypische Bischofsgestalt Konturen zeigt und Leben gewinnt, – auch ohne schriftliche Unterlagen.

Die ältesten Darstellungen des Heiligen zeigen ihn ohne jedes Attribut, nur im bischöflichen Ornat. Jeder wußte, wer allein damit gemeint sein konnte, galt er doch als der Bischof schlechthin. Diese Beobachtung dient der Feststellung seiner Lebenszeit. Eine ungewöhnlich große Bedeutung erlangten die Bischöfe in den ersten Jahrhunderten, als die Apostel und Evangelisten verstorben waren und auch die Zeit der Märtyrer und Blutzeugen bis ins 4. Jahrhundert hinein vorüber war.

Von rückwärts her läßt sich seine Lebenszeit noch etwas genauer eingrenzen: Um 565 entstand seine erste und älteste Lebensbeschreibung. Sie ist ein Zeugnis der großen und zu dieser Zeit bereits weit verbreiteten Verehrung des hl. Nikolaus. Auf Grund dieser und anderer Quellen läßt sich seine Verehrung mit Sicherheit bis gegen 450, mit großer Wahrscheinlichkeit sogar bis gegen 400 zurückverfolgen. Wenn er um 400 als Heiliger verehrt wurde, dann muß er vor 400 gelebt haben, jedoch wohl kaum mehr als 100 Jahre früher; denn das wäre die Zeit der Christenverfolgungen gewesen, denen er jedenfalls nicht als Märtyrer zum Opfer gefallen ist.

Diese Beobachtungen lassen den Schluß zu, daß Nikolaus in das 4. Jahrhundert gehört, an dessen Beginn die letzte und härteste Christenverfolgung durchgeführt wurde, und an dessen Ende der Sieg des Christentums stand, das den Rang der einzig und allein geduldeten Staatsreligion im Römischen Reich einnahm. Der Überlieferung nach erstreckte sich die Lebenszeit des hl. Nikolaus über die erste Hälfte dieses Jahrhunderts. Seine Teilnahme am Konzil von Nicäa 325 mit Beiträgen zur Formulierung des Credo ist nicht nachweisbar; gerühmt wird dagegen seine Beteiligung an den Auseinandersetzungen des immer stärker werdenden Christentums mit den spätantiken Religionen, über die die Kirche siegen sollte.

Die Götter der spätantiken Welt wurden entthront; vollständig besiegen konnte man sie aber vorerst nicht. Als Dämonen lebten sie weiter. Besonders das schlichte Landvolk ängstigte sich vor ihnen und verehrte sie noch immer in dem Gedanken, ihren Zorn abzuwehren. So galt es, wenigstens ihre Ohnmacht zu entlarven. Nur starke Persönlichkeiten konnten dem Kult der alten Götter ein Ende setzen.

Bischof Nikolaus lebt im Überlieferungsgut der Legenden als eine solche kraftvolle Persönlichkeit weiter. Kämpferisches Durchsetzungsvermögen bewies er in der kleinasiatischen Stadt Myra, der Hauptstadt der römischen Provinz Lykien. Myra war eine Stätte besonderer Verehrung der Artemis, jener Göttin, die die Römer Diana nannten. Sie galt als die göttliche Mutter der ganzen Provinz Lykien. Eine der ältesten Quellen berichtet: „Der Tempel der Artemis in Myra übertraf an Größe und Schönheit alle anderen Bauwerke, aber auch darin, daß die Dämonen ihn aufsuchten. Darum war er für die Haltlosen eine Verlockung und ein besonders starker Anreiz zum Götzendienst. Da dies Trugbild sich gerade in der Stadt befand, die Bischof

Nikolaus anvertraut war, setzte er sich persönlich mit der ganzen Kraft seines Herzens dafür ein, es aus ihrer Mitte zu beseitigen und die übermäßig schädliche Scheu vor den Dämonen endgültig aus seiner Diözese auszutilgen." Er ließ den prachtvollen Tempel der Artemis bis zu den Grundmauern zerstören, und damit war der Artemiskult in der Stadt zu Ende. Auf den Dörfern der Umgebung aber dienten die Landleute ihrer Göttin nach wie vor. Unter einer der Artemis geweihten Zypresse brachten sie ihr Opfer dar. Nikolaus ließ den Baum umhauen, um auch hier ein Zeichen für das Ende der alten Zeit zu setzen.

Eine Legende berichtet über den nun einsetzenden Kampf, den die entthronte Göttin dem Bischof aufnötigte: Die zürnende Diana, wie die Legende sie mit ihrem lateinischen Namen benennt, sann auf Rache! Als einmal Pilger aus weiter Ferne sich anschickten, die Seereise nach Myra anzutreten, um dort den Bischof Nikolaus aufzusuchen, näherte sie sich den frommen Männern in der Gestalt einer Nonne. Sie gab ihnen ein Gefäß mit geweihtem Öl, wie sie sagte, und bat die Pilger, dem Bischof das Öl zu überbringen und in seiner Kirche die Lampen damit zu füllen. In Wirklichkeit handelte es sich um einen sehr gefährlichen Stoff, mit dem die Göttin den Bischof mitsamt seiner Kirche vernichten wollte. Die Pilger konnten das nicht ahnen; aber Bischof Nikolaus durchschaute – aus der räumlich weiten Ferne seiner Residenz – ihre List und wußte, was da auf ihn zukam. Und so erschien er auf hoher See den Pilgern im Traum und sagte ihnen über die Nonne: „Das ist die Diana gewesen, und damit ihr seht, daß ich wahr rede, so gießt das Öl ins Meer!" Sie gehorchten, warfen das Öl über Bord, und „sogleich begann eine lodernde Feuersäule hoch in die Luft zu züngeln, und Qualm und Dünste, die alles verdunkelten, die stanken und ganz voll von Widerlichkeiten waren, breiteten sich aus." Das Feuer erzeugte „ein Getöse, einem Beben ähnlich", und Garben von Funken sprühten auf, so daß das Schiff „durch das Brodeln des Meeres hin und her geschleudert wurde."

Als die Gefahr vorüber war und die Pilger den Hafen erreicht hatten, eilten sie sogleich nach Myra, erkannten in der Kirche den Bischof Nikolaus und sprachen zu ihm: „Fürwahr, du bist es, der uns auf der See erschien und uns erlöste aus der Diana Trug!"

Die Legende bestätigt den Ort der Wirksamkeit des Heiligen: Bischof von Myra war er. Die Stadt lag unweit vom Hafen Andriake an der heute türkischen Mittelmeerküste. Der Apostel Paulus hatte sie einst auf seiner 3. Missionsreise besucht.

Myra gehörte zum Ostteil der Kirche im Römischen Reich; in der Ostkirche wurde Bischof Nikolaus auch besonders verehrt.

Er soll an einem 6. Dezember um 350 gestorben sein. Sein Grab in Myra ist die älteste, steinerne Urkunde dafür, daß es ihn gab! Über dem Grab wurde zuerst eine Kapelle, dann die große Nikolauskirche errichtet. Das ist alles, was sich über sein Leben sagen läßt; genauere und historisch gesicherte Angaben sind nicht möglich.

In der Kirche gab es nie einen Zweifel daran, daß das Grab des heiligen Bischofs in Myra wirklich seine Gebeine barg. Eine Bestätigung dieser Gewißheit erfolgte in der Zeit der Kreuzzüge, als die Moslems heranrückten. Die Reliquien des hl. Nikolaus sollten den islamischen Eroberern nicht in die Hände fallen. Darum wurden sie im Jahre 1087 von Myra nach Bari in Süditalien überführt. Dort befinden sie sich noch heute in einem Sarkophag, der eine Stätte respektvoller Verehrung geblieben ist, während über Demre, wie Myra heute heißt, noch immer die Türken regieren.

Die zeitgeschichtliche und die geographische Eingrenzung ergeben eine Antwort auf die Frage, warum dem Nikolaustag am 6. Dezember eine so große Bedeutung für die vorweihnachtliche Adventszeit zukommt, nachdem bereits durch den hl. Martin am 11. November eine vorweihnachtliche Gestalt zum Wegbereiter auf das Weihnachtsfest hin geworden ist:

Beide Bischöfe lebten im 4. Jahrhundert, als das Christentum den Entscheidungskampf gegen die heidnischen Religionen zu führen hatte, der hl. Martin im Westen des Römischen Reiches, der hl. Nikolaus im Osten. In ihren Regionen als den wesentlichen Teilen des gesamten Reiches bereiteten beide dem Herrn den Weg, wie es einst durch Johannes den Täufer im Heiligen Land geschehen war. Nun aber ging es darum, das Evangelium von Jesus Christus den europäischen Völkern in West und Ost zu bringen.

Das geschieht noch immer im Rhythmus des Kirchenjahres, und so stehen beide an dem Weg, der kalendermäßig zum Fest der Geburt Jesu führt. Das geht nicht nur die Kinder an, die von beiden süße Gaben erwarten. Freilich kommen beide in einer kindgemäßen Gestalt und werden sich fast zum Verwechseln ähnlich:

Wie aus Sankt Martin der „Pelzmärtel" der Kinder im Fränkischen geworden ist, so aus Sankt Nikolaus der „Pelznickel" der Kinder im Bergischen Land, im Hunsrück und in der Rheinpfalz.

Wo sich fränkische und byzantinische Traditionen begegnen, da treten beide gemeinsam in Erscheinung, wie z. B. als lebensgroße Skulpturen, die im Dom zu Gurk in Kärnten auf einem der Altäre rechts und links das große Altarbild von der Steinigung des Stephanus flankieren, oder auf einer Miniatur des 12. Jahrhunderts aus dem Stift Sankt Florian in Salzburg.

Eindrucksvoll finden sich Sankt Nikolaus und Sankt Martin rechts und links von der Madonna auf einem Bild aus der Schule des Ghirlandaio, gest. 1494, das in Rom bewahrt wird. Unter einem Baldachin, inmitten einer italienischen Landschaft, sitzt Maria mit dem Jesuskind im Arm. Rechts von ihr steht der hl. Nikolaus und hält dem Kind drei auf einem Buch liegende goldene Kugeln hin. Das Kind greift zu und spielt mit einer der Kugeln. Links neben der Madonna steht der hl. Martin mit einem Buch im Arm, das er soeben aufzuschlagen im Begriff ist. Maria und Martin schauen dem kindlichen Spiel zu. Nach Art der Entwicklung biblischer Erzählungen in weitergehende formgeschichtliche Stufen verlegt dies Weihnachtsbild die Geburt Jesu aus der morgenländischen weiter in die europäische Landschaft und aus der Zeitenwende in das Mittelalter. Wie nach dem biblischen Bericht die Hirten um die Madonna mit dem Jesuskind versammelt waren, so treten jetzt die beiden Bischöfe als Repräsentanten der Kirche hinzu. Von den Hirten berichtet das Lu-

Madonna und Kind mit St. Martin und St. Nikolaus. Gemälde aus der Schule des Ghirlandaio (gest. 1494), Rom, Galleria Capitolina.

kasevangelium (2,17): Als sie das Kind gesehen hatten, „breiteten sie das Wort aus, welches zu ihnen von diesem Kinde gesagt war.“ Nun sind die Bischöfe an ihre Stelle getreten. „Christ, der Retter, ist da“ – das gilt jetzt freilich nicht mehr nur der Geburt Jesu, sondern auch der Ankündigung des Festes der Geburt Jesu als eines Festes der Kirche! Das einstige Zeugnis von einem überwältigenden, einmaligen Ereignis weicht der im Rhythmus des Kirchenjahres wiederkehrenden Ver-

Du hast den höchsten Sohn, Maria rein und schon,
in deinem keuschen Schoß getragen.
Jesum, das liebe Kind so da die Sünder blind
errettet hat aus allen Schaden.

Darum, o Mutter mild, befiehl uns deinem Kind,
bitt, daß er unsre Sünd verzeihe,
endlich nach diesem Leid die ewig Himmelsfreud
durch dich, Maria, uns verleihe!

kündigung des Weihnachtsereignisses. Sankt Nikolaus und Sankt Martin sind die dafür besonders herausgehobenen Repräsentanten der kirchlichen Weihnachtsverkündigung von dem, der aus der Jungfrau geboren worden war.

Der Nothelfer

Die starke Wirkung des hl. Nikolaus ist eng verknüpft mit der Wirkung der Nikolauslegenden. Wenn ihnen auch das Gewicht historischer Quellen fehlt, so leisten sie doch die wichtigsten Dienste, um den Heiligen und die ihm zuteil gewordene Verehrung zu verstehen. Die Legenden wuchsen zu beträchtlicher Zahl an, und bis in das Mittelalter entstanden immer neue. Anhand der wachsenden, zahlreichen Legenden läßt sich der Weg der Nikolausverehrung durch die Jahrhunderte nachzeichnen. Er beginnt in Kleinasien, wo er im 5. Jahrhundert seinen Anfang nahm, und läßt sich in Konstantinopel und in der ganzen griechischen Kirche seit dem 6. Jahrhundert belegen. Nur mit einer kleinen Auswahl soll hier das Bild des hl. Nikolaus als eines oft angerufenen Nothelfers nachgezeichnet werden.

Zum ältesten, in griechischer Sprache schriftlich überlieferten Legendengut gehört eine Geschichte, in die noch Kaiser Konstantin selbst einbezogen wird. Ihr hat Nikolaus seine Berühmtheit zu verdanken, seine allgemeine Verehrung und seinen Ruf als eines ganz besonders wirksamen Nothelfers. Es ist die Legende von der Rettung drei unschuldig verurteilter Feldherren:

Ein fremder Volksstamm, der mit den Goten über die Donau nach Kleinasien gelangt war und sich dort angesiedelt hatte, zettelte einen Aufstand an. Kaiser Konstantin sandte ein Heer unter der Führung von drei Feldherren gegen sie aus. Ungünstige Winde zwangen sie unterwegs, mit ihren Schiffen in Andriake zu ankern. Die Soldaten nutzten den Aufenthalt auf ihre Weise: Sie gingen an Land, betranken sich in den Hafenkneipen, suchten Streit, belästigten die Frauen und fingen an zu plündern. Auf die Nachricht von diesen Vorgängen eilte Bischof Nikolaus sofort selbst zum Hafen und forderte von den Feldherren, die Disziplin ihrer Truppe energisch wieder herzustellen. Sie aber konnten nur mit Achselzucken darauf verweisen, daß das angesichts des chaotischen Durcheinander nicht mehr in ihrer Macht liege. Die dramatische Aktion, mit der Nikolaus jetzt selbst eingriff, begann damit, daß Nikolaus durch einen Hauptmann zum Angriff blasen ließ. Auf das Signal reagierten die Soldaten prompt und eilten aus den Hafenkneipen herbei, um die anscheinend unerwartet aufgetauchten Feinde zu vertreiben. Sogar die Betrunkenen wankten heran und schwenkten ihre Waffen. Jetzt war es möglich, die Soldaten antreten zu lassen, und nun fuhr Nikolaus sie an in unerschrockener Rede und sagte:

„Ich weiß nicht, wie ich euch anreden soll; denn Soldaten seid ihr nicht. Aufgeführt habt ihr euch wie Räuber, habt hilflosen Menschen Angst eingejagt, sie bestohlen und ihnen Schaden zugefügt. Das werdet ihr gutzumachen haben. Ihr werdet eure Waffen niederlegen und die Betrunkenen auf die Schiffe zurückbringen. Wir trauen euch nicht, auch wenn ihr euch stolz römische Soldaten nennt. Trotzdem nehmen wir euch auf; aber wehe, wenn ihr euch als Feinde einer friedlichen Stadt aufführt!“

Darauf drehte er ihnen den Rücken zu, und nun hatten die Offiziere das Wort. Die Ordnung war schnell wieder hergestellt. Die drei Feldherren waren tief beeindruckt vom Auftreten des Bischofs. Sie begleiteten ihn auf dem Weg vom Hafen zurück in die Stadt.

Ihr Weg führte am Richtplatz vorbei, auf dem eine große Menschenmenge versammelt war. Nikolaus erschrak vor dem Anblick von drei ihm bekannten Männern, die vor dem Richtbock knieten auf den Schwerthieb warteten, mit dem ihnen der Henker den Kopf abschlagen würde. Was geschehen war, erfuhr der Bischof schnell: Der Stadtpräfekt von Myra hatte den Tumult am Hafen und die Abwesenheit des Bischofs dazu benutzt, einen lange gehegten Plan zu verwirklichen und die begüterten, unschuldigen Männer hinrichten zu lassen, um ihren Besitz zu konfiszieren und sich selbst damit zu bereichern. Nikolaus kam gerade noch dazu, als der Henker zum Schlag ausholte. Er sprang dazwischen, riß dem Henker das Schwert aus der Faust und schleuderte es weg. Den drei Männern ließ er die Fesseln abnehmen und führte sie in sein Heim. Dorthin lud er auch den Präfekten vor und verwies ihm sein korruptes Verhalten. Das geschah in Anwesenheit der drei Feldherren aus Konstantinopel, die dem Kaiser Meldung zu machen imstande waren. So gelang es dem Bischof, der Korruption und dem Unrecht zu wehren. Drei Unschuldige waren gerettet!

Die Feldherren konnten nun ihren Kampfauftrag ausführen. Vom siegreichen Feldzug kehrten sie mit ihren Soldaten heim nach Konstantinopel. Das Volk bereitete ihnen einen triumphalen Empfang.

Dies aber erregte den Neid einiger Gardeoffiziere vom Hof des Kaisers. Dem Stadtpräfekten von Konstantinopel redeten sie ein, die drei Feldherren seien Verschwörer, die mit ihrem Heer den Kaiser stürzen und die Macht an sich reißen wollten. Der Stadtpräfekt hatte großen Einfluß auf Kaiser Konstantin und erreichte, daß die drei Feldherren festgenommen, ihre Soldaten entwaffnet und alle wichtigen Punkte der Stadt von der kaiserlichen Garde besetzt wurden. Im Gefängnis wurde den Feldherren eröffnet, der Kaiser verzichte auf ein Gerichtsverfahren; denn es liege so viel erdrückendes Material gegen sie vor, daß ihr Todesurteil bereits unterschrieben sei.

In ihrer Todesangst fiel den Verurteilten ihr Erlebnis mit Bischof Nikolaus ein, dessen Macht als Nothelfer sie erfahren hatten. Da flehten sie im Gebet Gott und den fernen Bischof an, der für sie unerreichbar weit in Myra lebte. Auf wundersame Weise wurden sie erhört. Die Legende berichtet:

In jener Nacht erschien Bischof Nikolaus dem Kaiser im Traum und forderte von ihm: „Steh auf, Konstantin, und laß die drei Feldherren im Gefängnis frei; denn sie wurden ungerecht beschuldigt. Wenn du aber nicht auf mich hören willst, so werde ich dich durch einen Krieg in die Enge treiben!“ „Wer bist du“, flüsterte der Kaiser, „und wie bist du zu solch nächtlicher Stunde in den Palast hineingekommen?“ Die Traumstimme antwortete:

„Ich bin der Sünder Nikolaus, Bischof von Myra, der Hauptstadt in Lykien.“ Mit diesen Worten entschwand er.

Auch dem Stadtpräfekten erschien Nikolaus in jener Nacht im Traum, forderte von ihm die Freilassung der Eingekerkerten und gab sich mit den gleichen Worten zu erkennen, die er im Traum des Kaisers gebraucht hatte.

Am nächsten Morgen ließ der Kaiser die Feldherren vorführen und erfragte von ihnen ihre Erlebnisse mit dem Bischof von Myra. Sie gestanden dem Kaiser, daß sie in ihrer Todesangst um die Hilfe des Bischofs gebetet und seine Fürsprache bei Gott erfleht hatten. Da ließ der Kaiser sie frei und sandte sie nach Myra mit Geschenken und einem Brief an Bischof Nikolaus.

Seitdem die Feldherrenlegende im Umlauf war, galt Nikolaus als der Nothelfer schlechthin, war er doch nicht als verklärter himmlischer Heiliger dem Kaiser und dem Stadtpräfekten erschienen, sondern bereits zu seinen Lebzeiten. Als Bischof im Amt war es ihm gewährt worden, auf den Kaiser in der fernen Hauptstadt einwirken zu können, um Unschuldige aus äußerster Not und in letzter Minute scheinbarer Ausweglosigkeit zu retten: Drei dem Henker ausgelieferte Männer in Myra und drei eingekerkerte Offiziere in Konstantinopel.

Für die griechische Kirche ist die älteste Legende immer die wichtigste geblieben. Sie begründete die Nikolausverehrung im ganzen byzantinischen Reich, in der serbischen und schließlich in der russisch-orthodoxen Kirche. Die Wertschätzung des Heiligen als des Patrons von ganz Rußland und vieler Zaren bezeugen zahlreiche Ikonen, jene Kultbilder, die wie Fenster zur jenseitigen Welt verstanden werden. Aus ihren Rahmen schaut der verewigte, heilige Bischof in das Diesseits hinein. Er ist nicht einfach in ein fernes Jenseits entrückt; vielmehr wird er durch seine Ikone hier gegenwärtig, kann auf die Dinge im Diesseits Einfluß nehmen und tut das auch: Er läßt sich nicht nur „anrufen", sondern auch „herbeirufen"!

So überraschend es anmuten mag: Es gibt einen Erlebnisbericht aus unseren Tagen, der bezeugt, daß sich der hl. Nikolaus auch heute noch als Nothelfer herbeirufen läßt. Gertrude und Thomas Sartory teilen in ihrem erst 1981 erschienenen Nikolaus-Buch als eine verbürgte Tatsache mit: „Ein Dorfpriester, der zu einem Sterbenden in später Stunde auf dem Weg ist, um ihm die 'Wegzehrung' (das hl. Abendmahl) zu bringen, und der sich verirrt hat, bittet in Verzweiflung um Hilfe, damit er nicht zu spät komme. Da erscheint ihm der Heilige Nikolaus und führt ihn zu dem richtigen Ort – und zwar noch rechtzeitig – und verschwindet."

So merkwürdig der Vorgang anmuten mag, die Glaubwürdigkeit der Erzähler dieses „Tatsachenberichts" steht außer jedem Zweifel! Er bestätigt die seit ältester Zeit lebendig gebliebene Glaubensüberzeugung, Nikolaus sei der Helfer in ausweglos erscheinender Not, wie dort bei den Feldherren, so heute und immer. In dieser Eigenschaft wurde er verehrt, schon lange bevor er, fast unkenntlich, nur noch zum harmlosgütigen Gabenbringer der Kinder in der Vorweihnachtszeit geworden war.

Als die Feldherrenlegende im 9. Jahrhundert ins Lateinische übersetzt wurde, begründete sie die Verehrung des Heiligen auch im ganzen Westen des Reiches. In Rom wurde dem hl. Nikolaus die Kirche geweiht, von der aus die Insassen im Stadtgefängnis geistliche Betreuung erhielten. „San Nicolai in Carcere“ ist die älteste Nikolauskirche in Rom. Auch hier wurde Sankt Nikolaus als Patron der Gefangenen und Verurteilten angerufen, und seine Kirche in Rom erhielt das Privileg, alljährlich am Nikolaustag einen zum Tode verurteilten Gefangenen zu begnadigen.

Viele Erzählungen waren im Umlauf über die wunderbare Befreiung Gefangener durch den hl. Nikolaus. So wird in einer Goslarer Chronik berichtet, an der alten Kanzel der Nikolauskapelle in Goslar seien zwei Handschellen angebracht gewesen. Mit ihnen sei ein gefangener Graf gefesselt worden; als aber der Graf den hl. Nikolaus um Hilfe angerufen habe, seien beide Handschellen von seinen Händen abgesprungen. Er wurde freigelassen, und die Handschellen dienten fortan der Verehrung des Heiligen in seiner Kapelle.

Im 10. Jahrhundert bahnte die Kaiserin Theophano, die griechische Gemahlin Kaiser Ottos II., dem Nikolauskult den Weg in den europäischen Norden. Sie hatte die Verehrung des Heiligen aus ihrer griechischen Heimat mitgebracht und gab sie weiter an die Deutschen; im 11. Jahrhundert folgten Frankreich und England nach.

Zwar war es inzwischen zur Trennung der abendländisch-römischen von der morgenländisch-griechischen Kirche gekommen; aber die Nikolausverehrung hatte sich in Ost und West bereits so stark durchgesetzt, daß der einstige Bischof von Myra als ein wahrhaft ökumenischer Heiliger alle trennenden Grenzen überwand.

Kaiserin Theophano wirkte auch weiter durch ihren Sohn, Kaiser Otto III., der noch vor dem Jahr 1000 das Kloster Burtscheid bei Aachen errichtete und es als Reichsabtei dem hl. Nikolaus als Patron weihte. In der Kirche Sankt Johann in Aachen-Burtscheid findet sich noch heute ein Mosaikbild des hl. Nikolaus byzantinischer Herkunft.

In Norddeutschland wuchs die Nikolausverehrung weiterhin erheblich an. Aus der Fülle der dem Heiligen geweihten Kirchen und Altäre seien einige wenige genannt: Bald nach 1000 wurde er zu Magdeburg Nebenpatron neben Petrus. In Quedlinburg wurden Nikolausreliquien bei der Weihe des Hochaltars im Jahre 1021 verwendet. In der oberen Maingegend wurde der hl. Nikolaus erstmalig 1012 genannt bei der Weihe des Bamberger Domes, einer Gründung Kaiser Heinrichs II.

Nach Süden zu erreichte der Nikolauskult im 10. Jahrhundert das Kloster Kempten im Allgäu, das eine Nikolauskapelle erhielt. Im 11. Jahrhundert wurde dem Heiligen im Kloster St. Emmeram in Regensburg ein Altar mit Nikolausreliquien geweiht. Dann – um aus der Fülle einige wenige Beispiele herauszugreifen – wurde in Benediktbeuern ein Nikolausaltar errichtet. In Jachenau im Isarwinkel wurde ihm die Kirche geweiht. 1060 wurde der Dom in Brixen unter seinen Schutz gestellt. Reichenhall, wo einst der Salzhandel blühte, erhielt 1080 eine romanische Nikolauskirche.

Nikolaus-Ikone, byzantinisch, 9.–10. Jahrhundert

Das war die Zeit, in der es durch christliche Normannen zu Staatsgründungen in Unteritalien kam. Die Nikolausverehrung, die bei den Normannen längst heimisch war, gehört zu den wesentlichen Anlässen für die Überführung der Gebeine des Heiligen von Myra nach Bari. In Kalabrien sollen ihm damals schon mehr als 200 Kirchen und Kapellen geweiht gewesen sein. Hier war das griechische Erbe lebendig geblieben, und große Teile Süditaliens, Kalabrien und Apulien, standen unter byzantinischer Herrschaft, bis das Land im 11. Jahrhundert vom Normannenherzog Robert Guiskard erobert wurde; Bari fiel 1071 in seine Hände. In Kleinasien drangen jetzt die Moslems vor; „Lykien wurde überflutet und ausgemordet", die Einwohner retteten sich ins Gebirge. Da gelang es den Normannen, in einem Handstreich die Gebeine des hl. Nikolaus an sich zu nehmen und nach Bari zu verschiffen.

Sie waren einer anderen Seemacht zuvor gekommen, die begehrliche Blicke auf die Nikolausreliquien geworfen hatte, nämlich den Venezianern. Die Gebeine des Evangelisten Markus hatten sie bereits aus Alexandria geraubt, nun wollten sie auch die des hl. Nikolaus haben. Tatsächlich gingen in den Wirren der Kreuzzugszeit venezianische Schiffe in Myra an Land und ihre Besatzung nahm an sich, was sie dort noch an Reliquien fand. Ihre Beute brachten sie in die Kirche auf dem Lido von Venedig, wo die Benediktiner bereits seit 1053 ein Nikolaus-Kloster besaßen. In einem späteren Bericht von 1116 wird erzählt, es habe sich um die Gebeine des großen Bischofs Nikolaus gehandelt, ferner um die seines Vorgängers im Bischofsamt von Myra, der ebenfalls den Namen Nikolaus getragen habe, schließlich um die eines Märtyrers mit dem Namen Theodor.

Jedenfalls behauptete nun Venedig, die „echten" Gebeine des hl. Nikolaus zu besitzen, und bestritt den gegenteiligen Standpunkt der in Bari vertreten wurde. Venedig konnte sich nicht durchsetzen, weil Bari nicht nur im ganzen Abendlande, sondern mit der Zeit auch im Osten als die glückliche Stadt angesehen wurde, die hinfort den großen Heiligen in ihren Mauern beherbergte.

Der Streit, den die Venezianer entfacht hatten, dazu die handstreichartigen Unternehmungen auf beiden Seiten, vermehrten den Ruhm des Heiligen erheblich. Gemeinsam war beiden, der venezianischen Seemacht und den seefahrenden Normannen, daß sie im hl. Nikolaus besonders den Nothelfer auf See verehrten, der Schiffbrüchige zu retten vermag und Gefahren auf dem Meer bannt.

Gestützt wurde ihre Überzeugung durch eine andere Legende, die im Westen und Norden Europas zu weit größerer Bedeutung gelangen sollte als die Legende von den drei Feldherren. Das war die Erzählung von der Rettung Schiffbrüchiger, die sogenannte Seefahrerlegende. Das Wunder der Errettung aus Seenot hat, ebenso wie die Feldherrenlegende, die irdische Wirksamkeit des Heiligen als Bischof von Myra zum Hintergrund und gehört wie diese zum ältesten, in griechischer Sprache schriftlich erhaltenen Legendenschatz. Die Seefahrerlegende, die unmittelbar an die Feldherrenlegende anknüpft mit der Bemerkung, daß dadurch

„der Ruf seiner Heiligkeit und seiner machtvollen Fürsorge über den ganzen Erdkreis gedrungen" sei, berichtet von einem Erlebnis, das Schiffsleute auf hoher See hatten:

Als wilde See und Unwetter, plötzlich durch heftigen Sturm verursacht, sich gegen sie erhoben, war ihnen klar, daß sie in der unvermeidlichen Gefahr waren, in den Tod hinabgeschleudert zu werden. Nur mit Mühe gelang es ihnen, des Heiligen Nikolaus zu gedenken; bei seinem Namen riefen sie ihn laut um Hilfe an. Auf Gottes Anordnung hin erschien er ihnen zur gleichen Stunde in ihrer Not und sprach: „Seht, ihr habt mich gerufen, und ich bin da, euch zu helfen!" Da sahen die Schiffer, daß er ihnen Kraft und Mut verlieh. Auf allen Teilen des Schiffes – im Segelwerk wie am Ruder – arbeitete er und harrte mit ihnen aus. Er rettete sie so mit Gottes Hilfe aus der Todesgefahr und gab ihnen das Selbstvertrauen zurück. Danach verschwand er. Sie gingen an Land, um ihn aufzusuchen und ihm zu danken. In der Kirche lernten sie ihn kennen, als sie dort waren um nachzuschauen. Obwohl sie ihn bisher noch nie gesehen hatten, erkannten sie ihn sogleich. Sie verglichen sein Gesicht mit der hilfreichen Erscheinung auf dem Schiff. Langsam gingen sie auf ihn zu, fielen ihm zu Füßen und statteten ihm Dank ab. Dann berichteten sie ihm, wie er ihnen bei der Überquerung des Meeres auf ihren ersten Ruf hin erschienen sei und ihnen in jenem furchtbaren und verderblichen Orkan zu Hilfe gekommen sei und sie daraus errettet habe.

Das ist die Legende, durch die Nikolaus der Heilige der Schiffahrt wurde, der Seeleute und der Reisenden,

Patron der Hanse und Schutzherr ihrer Flotte, ihrer Verkehrswege und der großen Umschlagplätze ihres Handels.

Die ersten waren die Normannen, die das Seefahrerpatronat des hl. Nikolaus nach dem Norden Europas und besonders nach Frankreich in die Normandie brachten. Sie wußten zu erzählen: Herzog Wilhelm der Eroberer gelangte 1066 von der Normandie nach England; wegen eines starken Sturmes konnte er dort erst sicher landen, nachdem er den hl. Nikolaus um Schutz und Hilfe angerufen hatte. Und so begann die englische Königsgeschichte unter dem Schutz des hl. Nikolaus als des Patrons der Seefahrer!

Was Wunder, daß der Nikolauskult bei den Bewohnern der gesamten Küstengebiete der Nordsee und der Ostsee, in den Hafen- und Handelsstädten der Hanse auch im Inland eine beispiellos schnelle Ausbreitung erfuhr. Bruderschaften der Flußschiffer in Frankreich wählten St. Nikolaus zu ihrem Patron; bis in die Neuzeit gab es dort, zumal in Paris, zahllose Nikolausbruderschaften. Das gilt auch für die Niederlande. In Deutschland war es nicht anders: Die Schifferzunft von Trier wählte Nikolaus zum Patron; in Frankfurt a. M. und in Köln gab es mehrere Nikolausbruderschaften. Vor allem aber traten die Küstengebiete hervor, so in Hamburg oder in Lübeck, wo die Nikolausbruderschaft 1401 von Kaufleuten, Schiffsherren und Schiffern gegründet wurde. Nach Norden drang die Nikolausverehrung zu den Weichselschiffern und zu den Seefahrern und Handelsleuten in Riga. Mit Ausnahme der Gottesmutter Maria hat es „kaum einen beliebteren, ganz sicher aber keinen vielseitigeren Heiligen des christlichen Abendlandes gegeben als Nikolaus," wie Karl Meisen feststellen konnte. Bezeichnend dafür ist es, daß eine Stadt wie Berlin im 13. Jahrhundert mit der Marienkirche und der Nikolaikirche die repräsentativsten Gotteshäuser in ihren Mauern errichtete, der Gottesmutter geweiht und dem Heiligen Nikolaus!

In den Hansestädten zeugen die Nikolaikirchen noch immer vom Nikolauskult in alten Zeiten, nicht nur in großen Handels- und Hansestädten wie in Hamburg und Lübeck, sondern auch in kleinen Städten der Händler und Kaufleute, die einst ihre Bedeutung als

Das Schiff geht still im Triebe,
Es trägt ein teure Last,
Das Segel ist die Liebe,
Der Heilig Geist der Mast.

Der Anker haft't auf Erden,
Und das Schiff ist am Land.
Gotts Wort tut uns Fleisch werden,
Der Sohn ist uns gesandt.

Hansestädte gehabt hatten, wie Höxter, Lippstadt, Nieheim und Lemgo in Westfalen oder Brandenburg a. d. Havel, Spandau, Treuenbrietzen und Jüterbog in der Mark Brandenburg – um nur einige wenige Beispiele aus einer großen Fülle von Nikolauskirchen oder Nikolaikirchen herauszuheben.

Ein Zeugnis der engen Verbindung des Nikolauskultes mit dem Marienkult findet sich in Danzig: Auf einem Altarwerk der Danziger Marienkirche zeigen 18 Bilder eines deutschen Meisters von 1525 einen Zyklus von Legenden des hl. Nikolaus, des großen Nothelfers auf See.

Der Bote der Vorweihnachtszeit

Die einstige außerordentlich große Bedeutung des Heiligen als eines Nothelfers verringerte sich im Laufe der Jahrhunderte merklich. Geblieben ist St. Nikolaus als Bote der Vorweihnachtszeit, als Freund der Kinder und Gabenbringer. Doch auch in dieser Eigenschaft haben ihn verschiedene Legenden bekannt gemacht, aus denen sich auf Weihnachten bezogene Bräuche entwikkelten und lebendig blieben.

Als Gabenbringer tritt Sankt Nikolaus in der Legende vom Kornwunder in Erscheinung, die noch in die Amtszeit des Bischofs von Myra weist:

Es geschah gegen Ende seiner Lebenszeit, als in Myra eine Hungersnot den Ort zu einer sterbenden Stadt machte. Eines Abends wurde dem Bischof gemeldet, im Hafen von Andriake seien voll beladene Getreideschiffe eingetroffen. Ein starker Sturm habe sie genötigt, die Fahrt zu unterbrechen und den Hafen anzulaufen. Sogleich ging der Bischof zum Hafen und bat die Schiffsleute, sie möchten aus jedem Schiff nur 100 Maß Weizen geben, um die Verhungernden zu retten. Die Schiffsleute weigerten sich und sagten: „Wir wagen nicht, das zu tun; denn das Korn ist in Alexandria gemessen worden, und dieses Maß müssen wir in den Vorratshäusern des Kaisers abliefern." Bischof Nikolaus aber erwiderte: „Tut, was ich gesagt habe, und ich schwöre euch bei dem allmächtigen Gott, daß ihr vor den kaiserlichen Beamten keinen Verlust haben werdet." So geschah es, wie es der Bischof gewollt hatte: Die Hungersnot in Myra wurde gebannt, und als die Schiffer das Korn ablieferten, hatten sie noch genau so viel, wie sie in Alexandria eingeladen hatten.

Darüber konnten die Schiffsleute nicht schweigen. Das Lob des Heiligen, dem Gott die Macht gegeben hatte, die Hungersnot zu brechen, wurde überall verbreitet. Es verwundert nicht, daß Sankt Nikolaus von den Getreidehändlern und von den Bäckern zum Schutzpatron erkoren wurde!

Ein Hinweis auf dieses Wunder findet sich auf Gemälden und Skulpturen, die den hl. Nikolaus mit drei Broten auf dem Evangeliar zeigen. Sie bewahren die Erinnerung an die Gewißheit, daß der hl. Nikolaus Gaben bringt, die den Hunger stillen und die Menschen erfreuen.

Nikolaus konnte noch mehr; er konnte sogar Gold spenden, wo es nötig war! Darüber berichtet die wohl bekannteste Erzählung, die Jungfrauenlegende:

Ein verarmter Adeliger, der nicht mehr wußte, wovon er mit seiner Familie leben sollte, faßte den Plan, seine drei Töchter einem Freudenhaus preiszugeben. Das erfuhr Bischof Nikolaus. Heimlich warf er dem Adeligen einen Klumpen Gold durchs offene Fenster. Voller Dank gegen Gott richtete nun der Vater seiner ältesten Tochter die Hochzeit aus, zu der es bis dahin der Armut wegen nicht hatte kommen können. Der gleiche Vorgang wiederholte sich noch zweimal, und der arme Adelige konnte nacheinander alle drei Töchter standesgemäß verheiraten. Beim dritten Mal gelang es ihm, den enteilenden Wohltäter zu stellen und zu erkennen. Es war Bischof Nikolaus, dem der Vater unter Tränen dankte. Alle Not war zu Ende, und der gute Ruf der jungen Frauen nicht gefährdet worden.

Woher der Bischof wohl in den Besitz des Goldes gekommen sein mochte? – Ein monumentales Fresko aus dem 14. Jahrhundert in der St. Georgs-Kapelle in Oberschenna/Südtirol gibt eine Antwort: Auf dem Mittelfeld des großen Bildes sieht man in das Innere des Hauses. Mit einem repräsentativen Bett ist das Zimmer ausgestattet. Auf dem Bett liegt eine Goldkugel, die für die erste Tochter den sonst dort erwarteten Freier erübrigt. Die drei Töchter, mit langen weißen, geschmückten Gewändern schön gekleidet, stehen vor dem Bett. Die erste reicht ihre Hand durch die offene Tür des Nebenzimmers dem verzweifelten Vater, dargestellt auf dem rechten Feld des Wandbildes. Auf dem linken Feld sieht man die Haustür, vor der Bischof Nikolaus steht. Er ist gerade im Begriff, durch das Oberlicht der Haustür die zweite Goldkugel zu werfen. Über der Haustür befindet sich eine Altane. Über die Brüstung beugt sich ein Engel und reicht dem Bischof die dritte Goldkugel. Engel vom Himmel also waren die Geber, die dem Heiligen die Fürsorge für die jungen Mädchen möglich machten.

Die Legende zeigt, wie Gertrude und Thomas Sartory interpretieren, einen Grundsatz des Heiligen von seelsorgerlicher Größe an: Er war „ohne Duldsamkeit für die Sünde, aber gütig gegen den Sünder!"

Die drei Goldklumpen oder Goldkugeln wurden zu seinem am häufigsten gebrauchten Attribut. Der Bischof, der drei Goldkugeln auf dem Evengeliar trägt, ist der heilige Nikolaus!

Auf Grund dieser schönen Legende wurde St. Nikolaus zum Patron der heranwachsenden jungen Mädchen, den sie wegen der Erfüllung eines Herzenswunsches und auch in der Not um eine Mitgift anrufen konnten. Daraus entwickelten sich manche frommen Bräuche. In Rom bestand an der Kirche „St. Nikolaus von den Lothringern" die Übung, am Nikolaustag ein armes Mädchen mit einer ansehnlichen Aussteuer zu versehen und ihm die Hochzeit zu ermöglichen. Auch aus Malta wird über einen solch schönen, frommen Brauch berichtet. So wurde der Nikolaustag für manche Braut zum Hochzeitstag.

Die Verehrung des hl. Nikolaus durch die jungen Mädchen ergab besonders in Frankreich eine Reihe von Volksbräuchen. Bis heute gibt es dort Nikolauskapellen, in denen das an den Heiligen gerichtete Gebet junger Mädchen oft erhört wurde, wie man sich erzählt, und die sich immer eines großen Zuspruchs erfreuen.

Die Jungfrauenlegende. Fresko aus dem 14. Jahrhundert in der St. Georgs-Kapelle in Oberschenna/Südtirol. (Der Engel, der dem hl. Nikolaus die dritte Goldkugel von der Altane – links oben über dem Bildrand – reicht, mußte in dieser Zeichnung weggelassen werden.)

In Chenage bei Bayeux (Dép. Calvados) gibt es, wie von Karl Meisen berichtet wird, einen St.-Nicolaus-Stein, den die jungen Mädchen, die nach Notre-Dame de la Délivrance pilgern, mit einem einzigen Satz ersteigen müssen, um auf dem Gipfel des Monolithen einige Goldmünzen niederzulegen und einen Finger in ein in dem Stein befindliches Loch zu legen. Wenn ihnen dieses Kunststück gelingt, dürfen sie hoffen, einen Mann zu bekommen. Hat Sankt Nikolaus ihre Gebete erhört, so erhält er eine Bestätigung ihrer Dankbarkeit auf Votivtafeln, wie z. B. der folgenden: „Reconnaissance à St. Nicolas pour le mariage de Cardita. 16. Nov. 1921" oder „Reconnaissance à St. Nicolas pour le mariage de Caroula. 21. Nov. 1921", also: Dankbarkeit dem hl. Nikolaus für die Hochzeit von Cardita oder von Carola, wie für viele andere auf vielen anderen Tafeln. Und das auch nach 1921 bis heute und sicher noch lange!

Wo sich solche Volksbräuche erhalten haben, da machen sich am 6. Dezember die Mädchen zum hl. Nikolaus auf, besuchen seine Kirchen und beten an seinen Altären, und sie erbitten von ihm – das Glück!

Eine grausame Erzählung, der es an grober Brutalität nicht mangelt, hat für die Geschichte der Nikolausverehrung und für seine Botendienste in der Vorweihnachtszeit eine so große Bedeutung erlangt, daß sie nicht ausgespart werden kann. Obwohl sie zunächst wie eine Zumutung erscheint, gedeiht sie am Schluß dann doch wenigstens zu erheiternder Dreistigkeit. Es ist die Legende von den drei fahrenden Schülern:

Drei fahrende Schüler kehrten über Nacht in einem Gasthaus ein, dessen Wirt Metzger war und mit seiner Gastwirtschaft eine Metzgerei betrieb. Am Abend machten die drei jungen Leute eine kräftige Zeche. Der Wirt vermutete reiche Barmittel bei ihnen. Aus Habgier ermordete er in der Nacht alle drei. Um keine Spuren zu hinterlassen, zerschnitt er die Körper zu Fleischstücken und tat diese in seine Pökelfässer. Nach einiger Zeit kam Sankt Nikolaus des Weges und kehrte im gleichen Gasthaus ein. Als der Wirt nach seinen Wünschen fragte, verlangte Nikolaus Salzfleisch! Der Wirt setzte es ihm vor, und Nikolaus erkannte sofort, was ihm da serviert wurde. Da ging er in die Küche der Wirtschaft, betrat den Vorratsraum und ging schnurstracks auf die Fässer zu. Hier erweckte er die drei Knaben wieder zum Leben, indem er sie aus den Fässern herausrief. Sie kamen, als seien sie aus einem langen Schlaf erwacht.

In Frankreich wurde gerade diese Geschichte besonders populär. Die drei Knaben, nicht die drei Goldkugeln, wurden besonders im französischen Raum, aber auch in westdeutschen Domen zu den Attributen, mit denen der Heilige auf Skulpturen und Altarbildern als Bischof Nikolaus kenntlich gemacht und dargestellt wird. Aus einem Bottich zu seinen Füßen steigen drei Knabengestalten auf, die Sankt Nikolaus die Wiederherstellung ihrer Lebenskraft verdanken.

Die Schülerlegende hat das Brauchtum ergeben, das sich bis heute am Nikolaustag erhalten hat. Sie gehört nicht zum alten Legendenschatz der griechischen Quellen; sie dürfte erst im 12. Jahrhundert und zwar in Nordfrankreich entstanden sein.

Das war die Zeit, in der sich der Nikolauskult ungewöhnlich stark und weit verbreitete. Die Überführung der Reliquien nach Bari durch die in Süditalien ansässig gewordenen Normannen hatte dafür die Impulse ausgelöst: Der hl. Nikolaus war zu jener Zeit in Nordfrankreich in aller Munde.

Auch die Schüler und Studenten folgten dem zeitgemäßen Trend und verehrten den Heiligen auf ihre Art. Das Schulwesen, eingeschränkt auf Kloster- und Domschulen, stand am Anfang seiner europäischen Entfaltung und hatte gerade in Nordfrankreich einen geistigen Schwerpunkt erreicht. Die Schüler übten sich in ihre Lateinkenntnisse ein mit Bildungsmitteln, zu denen die Vagantendichtung ebenso gehörte wie das Theaterspiel. Als Schuldramen wurden antike Klassiker aufgeführt. Den Stoff für Mirakelspiele lieferten die Heiligenlegenden, die nachgespielt und auch weitergesponnen wurden. Dazu kamen die Bischofsspiele, in denen die Schüler ihre geistlichen Oberen, ihre gelehrten Magister und sich selbst mit Ironie und feinem Humor, aber auch mit Hohn und mit derben Scherzen bedachten.

In Nordfrankreich, wo die Nikolausverehrung in Blüte stand, spielten die Schüler mit besonderer Hingabe die Nikolauslegenden nach, so daß die Nikolausspiele in der Tat die älteste Gruppe der mittelalterlichen Mirakelspiele überhaupt bilden.

In diesen Spielen trat immer einer der Schüler, als Bischof verkleidet, in der Rolle des hl. Nikolaus auf und wurde zum Mittelpunkt des Mirakelspiels, mit dem die Schüler die Nikolauslegenden auf die Bretter ihrer

St. Nikolaus mit drei Goldkugeln auf dem Evangeliar, Altar-Skulptur im Dom zu Gurk/Kärnten.

Bühnen brachten. Sie erfanden neues dazu und bezogen altes auf ihre eigene Welt als Schüler unter der sehr straffen Zucht ihrer Zeit mit der Rute als obligatem Erziehungsmittel. Und so entstand die Schülerlegende:

Den Stoff der Feldherrenlegende, in der berichtet wird, wie Nikolaus die Hinrichtung von drei unschuldigen Männern verhinderte, wurde umgedichtet. Aus den drei Männern wurden drei fahrende Schüler, aus dem Henker ein Metzger, in dessen Wirtschaft die fahrenden Schüler einkehrten, wie sie es sicher selber oft erlebt hatten. Vielleicht war ihnen manchmal unheimlich zumute gewesen beim Nachtlager in solchen Wirtshäusern, vielleicht fühlten sie sich von manchem Wirt arg übervorteilt. Im Spiel befreiten sie sich von ihrer Angst und von ihrem Zorn. Das Einsalzen der in Fleischstücke zerteilten Leiber, ein Gruseleffekt, würzte als Beitrag schwarzen Humors diese Art der Aktualisierung und der Anwendung der Feldherrenlegende auf die Schüler der damaligen Zeit und ihre vielen Plagen.

Aus dem Mirakelspiel ist die Legende von den drei fahrenden Schülern entstanden, und sie blieb als Spiel lebendig. Ein Glasfensterbild aus dem 14. Jahrhundert illustriert die Legende als Mirakelspiel der Schüler: In einem Domfenster in Freiburg im Breisgau sieht man den hl. Nikolaus. Drei Knaben laufen auf ihn zu. Den Knaben folgt der Metzger, erkennbar an dem mit der rechten Hand erhobenen Messer und an der Messerscheide, die an seiner Seite baumelt. Nikolaus ergreift mit der linken Hand die Schneide des drohend über den Knaben geschwungenen Messers und hält die schützende rechte über die Schüler. Die Darstellung wirkt vielmehr wie ein Szenenbild aus einem Theaterspiel: So könnte es bei den Mirakelspielen der Schüler zugegangen sein!

Als Kinderspiel blieb die Legende lebendig, wie ein französisches Kinderlied aus dem 17. Jahrhundert belegt:

„Es gingen drei Kinderlein fort von Haus,
zum Ährenlesen zogen sie aus.

Bei einem Fleischer kehrten sie ein:
'Wird für die Nacht noch Platz bei euch sein?'
'Nur eingetreten, ihr Kinderlein fein,
gar schönes Plätzlein wird für euch sein.'

Und war die Tür noch nicht zugemacht,
da hat sie der Fleischer schon umgebracht,
schnitt sie in lauter Stückelein
und salzt' sie wie kleine Ferkel ein.

Sieben Jahre zogen durchs Land,
Sankt Niklas vor dem Hause stand
und zu dem Fleischer tritt er ein:
'Wird für die Nacht noch Platz bei euch sein?'

'Nur eingetreten, Sankt Nikolaus!
Ist Platz genug in meinem Haus.'
Und war die Tür noch nicht zugemacht,
hat Niklaus schon nach dem Essen gefragt.

'Vom kleinen Salzfleisch möchte ich was,
liegt sieben Jahre im Pökelfaß –'
Der Fleischer kaum das Wort vernahm
und durch die Tür er schon entkam.

'Fleischer, o Fleischer, so bleib doch hier!
Bereu es, und Gott verzeiht es dir!'
Und auf das große Pökelfaß
setzt sich der heilige Nikolas.

'Ihr Kinder, auf, der Schlaf ist aus,
ich bin der große Sankt Nikolaus.'
Drei Finger hob Sankt Niklas empor
und alle drei Kinder sprangen hervor.

Das erste sprach: 'Mein Schlaf war gut!'
Das zweite: 'Wie hab ich schön geruht!'
Das dritte aber sagte dies:
'Ich glaub, ich war im Paradies.'

Es zogen drei Kinderlein fort von Haus,
zum Ährenlesen zogen sie aus."

Mit verteilten Rollen in Szene gesetzt, wird so die Legende durch das Lied wieder zum Spiel der Kinder.

In einprägsamer Weise war Sankt Nikolaus zum Schutzheiligen der Schüler und Studenten geworden, der Kinder und Jugendlichen überhaupt, ein Heiliger, der Brot den Hungrigen bringt, Gold – kleine und große Kostbarkeiten – den Mädchen schenkt, und den Knaben Lebenskraft gibt. Dies alles liegt dem Brauchtum am Nikolaustag zugrunde, mit dem der Bote der Vorweihnachtszeit „alle Jahre wieder" als Gabenspender und Freudenbringer erwartet wird.

Schutzheiliger der Kinder ist er geblieben bis heute. Die Amtskirche zwar nimmt evangelischerseits keine Notiz von ihm und versteht auf katholischer Seite den

Nikolaustag nur noch als einen nicht gebotenen Gedenktag; aber die Kinder erwarten Sankt Nikolaus noch immer an jedem 6. Dezember mit Furcht und Freude, und noch immer kommt er in der Verkleidung als Bischof, wie er bereits im Mittelalter, von den Scholaren verkörpert, zu den jugendlichen Schülern kam.

Das Brot, das der Heilige an jedem 6. Dezember bringt, auch wenn es gar keinen Hunger zu stillen, sondern nur einen Festtag zu feiern gilt, soll den Kindern Gaumenfreuden bescheren. „Spekulatius" wird das süße Gebäck genannt, und es bietet mit dieser Bezeichnung eine bleibende Erinnerung an den lateinischen Bischofstitel der alten Zeit. Das Wort „Bischof" kommt vom griechischen „Episkopos", und das heißt auf deutsch „Aufseher". Im Lateinischen heißt Aufseher „Speculator", und so wurde der Bischof tituliert, wo man lateinisch sprach. Mit den süßen Spekulatien am Nikolaustag und in der Weihnachtszeit lebt die Erinnerung fort an den hochwürdigen Speculator Nikolaus, den großen Freudenspender, der alle bedenkt, die in der Vorfreude auf Weihnachten leben.

Nicht nur Gold, nicht nur Kostbarkeiten bringt Nikolaus den Mädchen, auch vieles andere, was Freude bereitet, was hübsch ist und was nützlich ist. Das gewährt er natürlich auch den Knaben.

Äpfel und Nüsse sind allemal dabei, wo St. Nikolaus erscheint. Das hat seinen Ursprung wohl im pädagogischen Anliegen, brave Kinder zu belohnen, doch sollte die symbolische Deutung dieser Gaben mit bedacht werden: Äpfel sind die Früchte vom Lebensbaum im Paradies; am Weihnachtsbaum erscheinen sie wieder, auch hier als die symbolischen Früchte des paradiesischen Baumes. Die Nuß umschließt den für das Leben eines neuen Baumes bestimmten Kern, wie ein Sarg den Körper eines Entschlafenen birgt, der am Jüngsten Tag für das ewige Leben bestimmt ist. Leben und Tod symbolisieren die Äpfel und die Nüsse, die Nikolaus bringt. Das Werden und Vergehen stellen sie dar, erinnern an das Paradies und an den Tod.

Äpfel und Nüsse gehörten mit solcher Selbstverständlichkeit zu den Gaben, die St. Nikolaus bringt, daß sie sogar die Kultbilder des Heiligen veränderten. Daß er mit drei goldenen Äpfeln statt mit drei goldenen Kugeln als Attributen gezeigt wird, tritt allerdings erst seit dem 15. und 16. Jahrhundert in Erscheinung und kann gerade darum als Bestätigung dafür gelten, daß nicht mehr nur die uralten Legenden, sondern der Volksbrauch am Nikolaustag die Vorstellungen formte, die sich die Frommen von ihm machten. Vor allem in süddeutschen Kirchen wurde der hl. Nikolaus nicht selten mit drei goldenen Äpfeln dargestellt; das ist z. B. in Berhaselbach in Oberbayern der Fall und in Eggenfelden in Niederbayern.

Nicht nur die Gaben des Heiligen erfuhren Veränderungen durch die volkstümlichen Bräuche, auch eine Terminverschiebung ergab sich daraus: Der Brauch, Kinder zu bescheren, wurde an vielen Orten vom Nikolaustag auf das Weihnachtsfest verlegt. Manche vermuten, dies sei eine Spätfolge reformatorischer Änderungen, die der Protestantismus ergab. Den evangelischen Christen ist die Heiligenverehrung unbekannt. Ihnen gilt das „Christkind“ als Geber aller guten Gaben, auch der Geschenke für die Kinder. Das Christkind bringt seine Geschenke nicht am Nikolaustag, sondern als Weihnachtsgeschenke.

Im Verlauf dieser Änderung in der Auffassung vom Gabenbringer und dem Termin der Bescherung wurde aus Sankt Nikolaus der „Weihnachtsmann". Am Hl. Abend tritt er genau so auf und ist ebenso gekleidet wie der hl. Nikolaus am 6. Dezember. Wo man aber dem Weihnachtsmann einen Namen gibt, da heißt er eben „der Nikolaus" oder einfach bloß „Santa Klaus" wie bei den Kindern in Amerika. Weihnachtsmann und Nikolaus sind identische Gestalten, und der Pelzmärtel kommt auch noch dazu, so daß die Traditionsstränge im volkstümlichen Brauchtum arg durcheinander geraten sind.

Ursprünglich war der hl. Nikolaus allein für die Bescherung der Kinder zuständig, nicht das Christkind. Die Bäuerin im Isarwinkel, so hieß es noch vor 50 Jahren, hält am alten Brauch fest, sie gibt nicht auf Weihnachten, sondern am Vortag von Sankt Nikolaus. Im Isarwinkel, im Oberbayerischen, beschert „'s Dodle", so nennt man dort die Patin, ihre Patenkinder zum Nikolaustag, und der hieß mundartlich der „Sana-Kloas-Tag". So ging es zu: „Nach der Bescherung spielen die Kinder und denken: da Sana-Kloas-Tag des is do' schier da allascheanst Tag im Jahr, bal ma a guats Dodle hat und an guats Gwissen, denn auf d' Spat kimmt zu de beasn Kinda da Klaubauf mit da Ruatn und mitn Sack!" Der „klaubt" sie auf, die bösen Kinder, steckt sie in den Sack und trägt sie fort! Da wollen natürlich alle gut sein!

In diesem Bericht aus unserer Zeit schwingt noch immer etwas mit von dem, was seit alters zu den besonderen Aufgaben des Patrons der Kinder zählte: Der Heilige greift in die Erziehungsaufgabe der Schule und des Elternhauses ein. Und noch etwas kommt zum Ausdruck: Sankt Nikolaus kommt nicht allein; sein Begleiter vollstreckt die Strafen mit der Rute. Beidem soll unsere Aufmerksamkeit gelten.

Die Erziehungsaufgabe wurde bereits seit dem 12. Jahrhundert in den Klosterschulen der Normandie durch einen als Nikolaus verkleideten Mönch wahrgenommen. Immer am 6. Dezember erschien er, um die Fleißigen zu belohnen und die Säumigen zu züchtigen, und das mit großem Nachdruck; denn dafür war die Rute da! Das hatte jedoch mit Weihnachtsvorbereitungen nichts zu tun; es handelte sich lediglich um das für Schüler aufregende Ereignis der Leistungskontrolle, wie sie der heutigen Ausstellung von Zeugnissen am Schuljahresende entspricht. Der Nikolaustag war der Termin, weil Nikolaus als Patron der Schüler galt.

Das pädagogische Anliegen wird noch immer gewahrt, wo ein guter Nikolaus Gebetstexte abfragt, Liedverse aus dem Gesangbuch aufsagen läßt und Katechismusstücke abhört.

Ein literarisches Zeugnis für diese Praxis des Nikolaus, ebenso informativ wie erheiternd, stammt von dem berühmten Prediger Abraham a Santa Clara, der als Mönch 1709 in Wien starb. Er schildert den hl. Nikolaus als Pädagogen so: „Es ist eine uralte Gewohnheit, daß heutiges Tags der Nicola kommt, die Kinder zu probiren und zu examiniren, ob sie auch durch ihre

Herren Lehrmeister, Hofmeister, Schulmeister, Rechenmeister, Sprachmeister und andere Informations-Räth wohl unterwiesen in Glaubenssachen, in Buchstabiren, Sylbe theilen, Lesen und Schreiben, im Rechnen, in Sprachen etc. Item fragt der Nicola: Wie sich die Kinder das gantze Jahr hindurch verhalten haben? Ob sie gern beten? Denen Eltern und Praeceptoribus gehorsam seyn? Ob zum Exempel der Hänserl und der Paul nicht zu faul? Ob der Fränzerl und Ignazerl kein schlimmes Fräzerl? Ob der Michel und der Six vielleicht gelernet nix? Ob die Cätherl gern bey dem Räderl? Ob die Sabindl gern bey der Spindl? Ob die Liserl und Thereserl nicht etwan zwey junge Eserl? Diß alles fragt der Nicola."

Daß er aber selber die Rute schwingt, konnte nicht allen frommen Seelen einsichtig gemacht werden. Dafür erhielt er einen Begleiter, und darum steht seit langem fest: Am 6. Dezember ist nicht nur mit Sankt Nikolaus allein zu rechnen! Der „Klaubauf" ist auch dabei, jedenfalls in Oberbayern, wo man auch den „Semper" als Begleiter des Heiligen kennt, oder der „Krampus" tritt in Erscheinung, wie man ihn sonst in Süddeutschland nennt, oder der „Knecht Rupprecht", vor dem sich die Kinder in Norddeutschland fürchten.

Zur Interpretation dieser Schreckgestalten können die Nikolauslegenden nicht herangezogen werden, auch die Lebensverhältnisse, die Sitten und Gebräuche in den mittelalterlichen Klosterschulen geben dafür keine Anhaltspunkte. Für ihr Auftreten ist vielmehr die Jahreszeit bestimmend gewesen, zu der der Nikolaustag begangen wird. Der 6. Dezember reicht so dicht an die Weihnachtszeit heran, daß die vorchristlichen Vorstellungen von der Wintersonnenwende, vom Julfest, vom Wilden Heer in den Rauhnächten und manches andere aus der vorchristlichen Überlieferung weiter wirkten.

Die furchterregenden Begleiter des hl. Nikolaus entstammen der uralten Götterwelt der Germanen. Das wird z. B. aus dem Namen „Rupprecht“ erkennbar. „Rupprecht“ bedeutet „der ruhmglänzende, gütige Gott“. Hinter ihm erscheint der Allvater Wodan aus dem germanischen Götterhimmel, jetzt freilich nicht mehr in göttlicher Macht und Pracht, auch nicht als wütender Dämon wie die griechische Göttin Artemis, sondern als „Knecht“ des christlichen Bischofs Nikolaus.

Von weiblicher Begleitung des hl. Nikolaus wissen Volksbräuche in Skandinavien. Zum Nikolaus tritt hier die hl. Luzia, die einen Kranz mit brennenden Kerzen auf ihrem Haupt trägt und am 13. Dezember besonders verehrt wird. Auf die hl. Luzia wurden viele Züge der germanischen Göttin Perchta übertragen. Sie galt als die göttliche „Lichterfrau“ und wurde als Seelenführerin der toten Seelen verehrt. Im Laufe der die Jahrhunderte überdauernden Volksbräuche wurde ihr – ähnlich wie dem hl. Nikolaus – zugeschrieben, sie bringe guten Kindern gute Gaben und bösen die Rute. Zogen Nikolaus und Luzia zugleich durch die Straßen, so bescherte Nikolaus die Buben und Luzia hatte etwas für die Mädchen im Sack, wie berichtet wird.

Aus vorchristlichem Brauchtum stammt auch eine Sitte, die in Norddeutschland und in den Niederlanden noch immer geübt wird. Hier stellen die Kinder ihre Schuhe auf das Fensterbrett oder draußen an die Haustür, gefüllt mit Hafer und Heu für das Pferd des hl. Nikolaus, bzw. des Weihnachtsmannes. Am nächsten Morgen finden sie in den Schuhen die Gaben, die der Weihnachtsmann Nikolaus gegen das Futter für sein Pferd ausgetauscht hat.

Das Pferd als Reittier des Heiligen weist auf die Übertragung vorchristlicher Wodansvorstellungen auf den Heiligen der Kirche. Wodan sei es, so meinte man vorzeiten, der in den Rauhnächten der Wintersonnenwende auf seinem Roß mit dem Wilden Heer durch die Wolken zieht und die Menschen heimsucht, den Guten zur Freude, den Bösen zum Leid. Ihn versöhnlich zu stimmen mit Futter für sein Pferd, war ein Glaubensanliegen der germanischen Völker.

Ein Erbe, das nicht aus der germanischen Mythologie stammt, sondern aus der Sammlung der alten Nikolauslegenden, lebt weiter, wo niederländische, englische und amerikanische Kinder am Hl. Abend Strümpfe an den Kamin hängen, in denen sie am Weihnachtsmorgen ihre Geschenke finden. Dieser Brauch geht zurück auf eine Version der Jungfrauenlegende, nach der Sankt Nikolaus den drei armen Mädchen drei Beutel voll Gold durch den Kamin zugeworfen habe. Die Vorbereitung der Strümpfe mit handgearbeitetem Schmuck steigert die Erwartungsfreude in der Kinderstube.

In den Niederlanden bezeichnet man Sankt Nikolaus als „Sinter-Klaas". Niederländische Einwanderer brachten ihr Nikolausbrauchtum mit in die USA. Aus „Sinter-Klaas" wurde in Amerika „Santa Claus", die Hauptfigur der amerikanischen Weihnacht. Santa Claus wird dort in einem überall bekannten Gedicht aus einem 1821 erschienenen Kinderbuch als ein gemütlicher, dicker Mann beschrieben, ein rechtes Abbild der reich gewordenen holländischen Einwanderer, und er fährt mit einem Gespann von acht Rentieren, von denen jedes einen Namen besitzt. Das Gedicht wurde mit einer Zeichnung illustriert, die jahrzehntelang, von 1863 bis 1886, in der Weihnachtsnummer der verbreiteten Zeitschrift „Harper's Weekly" einprägsam erschien und die Vorstellung von Santa Claus bei den Lesermassen formte. Der Maler des Bildes von Santa Claus mit dem pelzgefütterten roten Mantel mit Kapuze und dem langen weißen Wattebart, der deutschstämmige Thomas Nast, hat auch die Wappentiere der beiden großen Parteien – Elefant und Esel – geschaffen.

Als Santa Claus verlor Sankt Nikolaus das bischöfliche Gewand und mit dem geistlichen Habitus die geistliche Würde. Er wurde zum Markenzeichen für die Weihnachtszeit und das Weihnachtsgeschäft! Die Kinder in Amerika erwarten ihn als einen gutmütigen „sugar daddy", der ihnen Geschenke in die Strümpfe am Kamin steckt. Mit dem „Christkind" hat er nichts zu tun. Dagegen ist die Überzeugung verbreitet, Santa Claus hole die Geschenke aus einer Spielzeugfabrik am Nordpol und bringe sie auf einem fliegenden, von Rentieren gezogenen Schlitten.

Das ist also die neueste Legende am Ende einer eineinhalb Jahrtausende währenden Legendenbildung um den hl. Nikolaus. Sie hat nicht nur den europäischen Kulturkreis verlassen, sondern auch die letzten Erinnerungen an christliche Vorstellungen getilgt. Sugar daddy dient dem Weihnachtsgeschäft; wie man hört, garantiert er erhebliche Umsätze!

Daß er in dieser Eigenschaft nach Europa zurückgekehrt ist, kann bedauerlicherweise nicht verschwiegen werden. In Frankfurt trat Santa Claus 1988 bereits im August zur Herbstmesse als Bote der Vorweihnachtszeit auf. Der Pressebericht wurde mit einem Foto illustriert: Nikolaus im Santa-Claus-Kostüm kommt auf einem Motorrad mit Beiwagen zur Messe gefahren; auf dem Beiwagen, hoch erhoben, steht aufrecht der „Weihnachtsengel", eine entsprechend herausgeputzte Frau, in der Linken einen mehrarmigen Silberleuchter schwingend, auf den sie zum Kauf ermunternd weist.

Als Santa Claus bringt der Nikolaus nichts mit, wie einst, nicht einen einzigen Apfel! Eine ganz andere

Funktion ist ihm zugewiesen: Ihm geht es darum, viel Geld hereinzuholen und den Käufern zu suggerieren, sie könnten mit Geschenken dem Weihnachtsfest einen Sinn unterschieben: Je kostbarer die Geschenke, desto sinnvoller das Fest!

Nachdem alles ausgestrichen wurde – die religiöse Erwartung eines Nothelfers, die pädagogische Aufgabe eines Patrons der Jugend und die Verinnerlichung des Festes mit dem lebendig gebliebenen Brauchtum –, ist sogar das Gewand des heiligen Bischofs ausgetauscht worden mit dem Kostüm aus der Vorstellungswelt eines Werbefachmannes. Nun bedeutet es auch keinen Unterschied mehr im Niveau, ob sich ein atheistisches Nichts unter der Bezeichnung „Väterchen Frost" die Kapuze des zum Santa Claus umfunktionierten Sankt Nikolaus umhängt, oder ob im größten Theater Amerikas, der Radio City Music Hall in New York, in einem Weihnachtsspektakel mit viermal täglich wiederholten Veranstaltungen, jährlich vor etwa 800 000 Besuchern in der Weihnachtszeit 38 Tänzerinnen im hoch geschürzten Santa-Claus-Kostüm zur Nikolaus-Revue „in fabelhafter Präzision die Beine schmeißen", wie in der Zeitung zu lesen war. Die weibliche Erscheinungsform des Heiligen vermittelt hier Festfreuden ganz eigener Art! Abgelöst wurden die Damen von echten Eseln, Schafen und Dromedaren als Dekoration der Geburtsszene in Bethlehem.

Erstaunlich ist nur, daß die Erinnerung an den hl. Nikolaus wach geblieben ist und daß er selbst dort unentbehrlich scheint, wo er nur noch dem Dekorum dient oder zur Umsatzsteigerung eingesetzt wird.

Nikolaus hat das alles überlebt, und er wird einmal, so steht zu hoffen, einer für echte Werte empfänglicheren Zeit wieder die wichtigen Dienste leisten, die er seit vielen Jahrhunderten einer erwartungsfrohen Jugend und mit ihr auch den Erwachsenen geleistet hat, – auch wenn er im roten Mantel des „Santa Claus“ erscheint!

Noch sind die innigen Verse der Erwartung nicht vergessen, die Theodor Storm einst fand. Zwar identifiziert er den heiligen Bischof mit seinem Begleiter Knecht Rupprecht; aber die Botschaft und die Aufgabe des hl. Nikolaus hat durch ihn ihre bleibend gültige Gestalt gefunden:

„Von drauß vom Walde komm ich her,
ich muß euch sagen: Es weihnachtet sehr!
Allüberall auf den Tannenspitzen
sah ich goldene Lichtlein blitzen,
und droben aus dem Himmelstor
sah mit großen Augen das Christkind hervor.
Und wie ich so strolcht' durch den finsteren Tann,
da rief's mich mit heller Stimme an:
'Knecht Rupprecht', rief es, 'alter Gesell,
hebe die Beine und spute dich schnell!
Die Kerzen fangen zu brennen an,
das Himmelstor ist aufgetan.
Alt' und Junge sollen nun
von der Hast des Lebens einmal ruh'n,
und morgen flieg ich hinab zur Erden;
denn es soll wieder Weihnachten werden!'
Ich sprach: 'O lieber Herre Christ,
meine Reise fast zuende ist;

ich soll nur noch in diese Stadt,
wo's eitel gute Kinder hat.'
'Hast denn das Säcklein auch bei dir?'
Ich sprach: 'Das Säcklein, das ist hier;
denn Äpfel, Nuß und Mandelkern
essen fromme Kinder gern.'
'Hast denn die Rute auch bei dir?'
Ich sprach: 'Die Rute, die ist hier;
doch für die Kinder nur, die schlechten,
die trifft sie auf den Teil, den rechten!'
Christkindlein sprach: 'So ist es recht,
so geh mit Gott, mein treuer Knecht!'"

So geht Sankt Nikolaus mit seinem Knecht Rupprecht in die Häuser und weckt frohe Erwartung mit seiner Botschaft:

„Allüberall auf den Tannenspitzen
sah ich goldene Lichtlein blitzen."

Die goldenen Lichtlein wie funkelnde Sterne auf den Tannenspitzen sind eine Vorankündigung des Strahlenglanzes, mit dem am Heiligen Abend die Kerzen des Weihnachtsbaumes Wärme, Licht und Leben ausstrahlen für alle.

In der Erwartung der großen Weihnachtsfreude hören wir die letzte Frage des Heiligen Nikolaus – an alle –, die alt und jung nachdenklich macht:

„Von drauß vom Walde komm ich her,
ich muß euch sagen: Es weihnachtet sehr!
Nun sprecht, wie ich's hierinnen find':
Sind's gute Kind', sind's böse Kind'?" –

AM HEILIGEN ABEND, 24. DEZEMBER

Der Weihnachtsbaum, Mythos vom Lebensbaum

Die Kinder steh'n mit hellen Blicken,
das Auge lacht, es lacht das Herz.
O fröhlich, seliges Entzücken!
Die Alten schauen himmelwärts.

Zwei Engel sind hereingetreten,
kein Auge hat sie kommen seh'n,
sie geh'n zum Weihnachtstisch und beten
und wenden wieder sich und geh'n.

„Gesegnet seid ihr, alten Leute,
gesegnet seist du, kleine Schar!
Wir bringen Gottes Segen heute dem braunen
wie dem weißen Haar.

Zu guten Menschen, die sich lieben,
schickt uns der Herr als Boten aus,
und seit ihr treu und fromm geblieben,
wir treten wieder in dies Haus.“

Goldgelbe Strohsterne am Weihnachtsbaum gewinnen Leuchtkraft in den grünen Zweigen der Tanne, und die rotbäckigen Äpfel verheißen süße Frucht und Freude; die Flammen der Kerzen verbreiten Licht und Wärme: Geliebtes Leben! Traulichkeit!

Ulla Hahn, die Lyrikerin unsrer Zeit, wurde von ganz anderen Empfindungen ergriffen, als sie sich vor dem Weihnachtsbaum das Ende einer Liebe vergegenwärtigte, in erloschenen Kerzen Abkühlung wahrnahm und es frostklar aussprach:

„Strohsterne hängt man in die Tannenbäume,
die abgeschlagen im geschützten Raum vergehn“!

Dort die Hingabe an Gemütswerte: Der Baum lebt! Eine Botschaft hält er bereit, „als spräch er“, als spräche der Baum von Hoffnung, Treue und viel Liebe.

„Zwei Engel sind hereingetreten“ und bekräftigen die Botschaft des Baumes. „Kein Auge hat sie kommen sehn“, gewiß; aber wo der Baum zu reden beginnt, da treten mythische Kräfte in Aktion und verstärken noch, was der Baum sagt:

„Zu guten Menschen, die sich lieben,
schickt uns der Herr als Boten aus;
und seit ihr treu und fromm geblieben, –
Strohsterne hängt man in die Tannenbäume,
wir kehren wieder in dies Haus.“
die abgeschlagen im geschützten Raum vergehn!

Der Mythos in der Traumwelt der Idylle und die harte Realität in der gnadenlosen Wirklichkeit! Beides gewinnt zur Weihnachtszeit erhebliche Verstärkung: Der Weihnachtsbaum bereichert die Festfreude – und er macht bestehende Nöte noch viel leidvoller! Lebensfreude gibt es nicht ohne Lebensleid; der Baum verschweigt das nicht. Die Baummythen wissen von Quellen der Freude und auch von den Wurzeln der Angst.

*

Das Lied vom Weihnachtsbaum, an dem die Lichter brennen, findet man nicht in kirchlichen Gesang- und Gebetbüchern; enthält es doch nicht einmal einen Gedankensplitter, der die Geschichte von Jesu Geburt im Stall von Bethlehem ins Gedächtnis rufen würde. Ist nicht der ganze trauliche Stimmungszauber eine Zutat zur Weihnachtsbotschaft, von der das Christentum der frühen Zeit noch gar nichts wußte?

Den geputzten Tannenbaum gibt es als Symbol des großen Festes in der Tat noch nicht lange, wie allgemein bekannt ist.

Die Ursprünge finden sich im Elsaß, wo von 1521 an Urkunden vorliegen, Rechnungsbelege über abgehauene „Weihnachtsmaien", dann auch eine Waldordnung, die jedem Bürger gestattete, zur Weihnacht eine „acht Schuh lange Tanne" zu fällen, – ein Beleg dafür, daß es sich bei den „Weihnachtsmaien" um Nadelbäume handelte. Von besonderem historischen Interesse ist der Bericht einer Zunftchronik von 1570 aus Bremen über ein mit Äpfeln, Nüssen, Datteln, Brezeln und Papierblumen geschmücktes Tannenbäumchen, das zur Weihnacht im Zunfthaus aufgestellt wurde. Dies Weihnachtsbäumchen, das die Kinder der Zunftgenossen schütteln durften, wird in der Chronik „Dattelbäumchen" genannt.

Es dauerte lange, bis ins 17. und 18. Jahrhundert, bis der „geschmückte Mayen", wie man sagte, – trotz heftigen Protestes mancher Prediger! – sich allgemein in den Herzen und Häusern durchsetzte.

Ursprünglich mit Äpfeln, Nüssen und süßem Backwerk als den eßbaren Früchten dieses Baumes versehen, wurde aus Früchten ein schmückender Baumbehang, der sich nach den Empfindungen der jeweiligen Mode richtete. Den bescheidenen Papierblumen des Bremer „Dattelbäumchens" folgte bald immer mehr Schmuck; seit dem 17. Jahrhundert finden sich die Kerzen am Baum und das, was ihr Leuchten ebenso wie den Glanz der Himmelslichter symbolisiert, Sterne aus Goldpapier und die Strohsterne.

In der Biedermeierzeit schmückte man den Baum mit seidenen, schön gemusterten Schleifchen, hängte die Äpfel an lange, schmale Samtbänder und paßte den Baum der übrigen gepflegten Wohnkultur an. Engelshaar als Baumschmuck kam auf und hüllte ganze Partien des Weihnachtsbaumes in duftige, sanfte Schleier ein. Dennoch entartete der Baum noch nicht zum Schaustück niveauloser Wohlstandsdokumentation. Dazu kam es erst, als im Weihnachtsgeschäft eine Marktlücke entdeckt worden war.

Industriell erzeugte Massenware bereitete allmählich allem ein Ende, was als Attribut der Wohnkultur Geltung beanspruchen konnte. Glitzernde Baumspitzen aus Glas, den Pickelhauben der Uniformträger nachempfunden, aufgesprühter künstlicher Schnee, bündelweise verschwendetes Lametta als Baumbehang und andere Geschmacklosigkeiten mehr verfremdeten den Baum und depravierten ihn schließlich zum Blickfang in den Schaufenstern. Für den Dienst am Weihnachtsgeschäft taten die pflegeleichten elektrischen Kerzen ein übriges. Vollständig aus Kunststoff gefertigte Bäumchen desillusionierten endlich die ganze, allein auf werbewirksame Reklame abgestellte Pracht.

Mit seinem kultiviert-gepflegten Schmuck verlor der Weihnachtsbaum in ganz erheblichem Maße an seinen, die seelischen Tiefenschichten des Menschen anrührenden Werten.

Das ist darum so sehr zu bedauern, weil der Weihnachtsbaum eben nicht, wie alle Welt meint, erst so jungen Datums ist, wie der Nachweis des Tannenbaums als Requisit deutscher Weihnachtsidylle vermuten läßt.

Der Weihnachtsbaum ist so alt wie das Weihnachtsfest: Schon die ältesten Darstellungen des in Windeln gewickelten Jesuskindes mit Ochs und Esel, den Magiern und ihrem Stern, zeigen immer auch einen Baum. Freilich nicht den Tannenbaum, der das deutsche Gemüt erfreut, wohl aber einen Baum, wie er im heiligen Lande gedeiht, nämlich die Palme. Ölbaum und Feigenbaum kommen ebenfalls vor; aber den Vorrang gewann die Dattelpalme, die „Königin der Oase“. Sie taucht ihre Füße in das Wasser unter der Erde und reckt ihr Haupt in das Feuer des Himmels, sagt ein arabisches Sprichwort, und Arabien ist die Heimat der Palme.

Im 9. Jahrhundert vor Christus wurde die Dattelpalme den Griechen bekannt. Es war die Zeit des Dichters Homer, der bereits in der Odyssee den heiligen hohen Palmbaum vor dem Heiligtum des Sonnengottes Apollon auf Delos besang. Odysseus staunte den Baum an „wie ein Wunder"!

Noch immer erscheint der Palmbaum jedem Betrachter wie ein Wunder der Natur: Schlank und sehr hoch, bis etwa 40 Meter, ragt der Stamm auf, im Alter sich biegend, mit der Krone aus immergrünen Palmwedeln, die glänzend in der Sonne sich schwingen, wie Gertrud Höhler sie treffend beschreibt.

Das Alter von 100 Jahren erreicht die Palme; sie lebt, während Menschen kommen und gehen. Sie nährt und versorgt sie mit der erstaunlichen Fülle ihrer Früchte. Hundert Pfund Datteln liefert jede Palme in jedem Herbst: ein wirklicher Helfer für das Überleben der Menschen, ein Lebensbaum.

Das ist der Weihnachtsbaum in seiner ursprünglichen Gestalt. Er gehört zum Weihnachtsfest, seitdem die Christenheit das Geburtsfest Jesu Christi feiert. Sie begann damit, als die Christenverfolgungen im Römischen Reich vorübergegangen waren und Kaiser Konstantin im 4. Jahrhundert dem Christentum die Pforten in die Geschichte seines Imperiums öffnete. Vorher und in der Geborgenheit von Katakomben feierte die Kirche das Osterfest; ein Weihnachtsfest kannte sie bis dahin nicht.

Die biblischen Legenden von Jesu Geburt galten, wie auch das Auftreten der prophetischen Gestalt des Täufers Johannes, als Bestätigung dafür, daß die Erwartungen der Frommen des Alten Bundes in Jesus Wirklichkeit geworden waren; aber sie boten keinen Anlaß, ein Geburtsfest zu feiern.

Seit dem Zeitalter Konstantins, seit der Spätantike also, wurde das anders. Die Römer, die schon immer die Geburt des Sonnengottes gefeiert hatten, ehrten nun auch die Geburt Jesu. Seitdem gibt es Zeugnisse der christlichen Kunst, z. B. römische Sarkophag-Reliefs, die mit der Darstellung der Geburt Jesu erkennen lassen, daß seitdem auch die Baummythen aus der griechisch-römischen Götterwelt in der Vorstellungswelt der römischen Christen weiterlebten.

Auf den erhalten gebliebenen ältesten Reliefs gibt es in einem offenen Stall den Korb mit dem Kind zu sehen, Ochs und Esel sind dabei und sonst nichts als eine Palme, die die Fächer ihrer Krone breit neben und über dem Stall ausreckt. Bereits dieser Weihnachtsbaum will eine Botschaft zum Ausdruck bringen, die von Griechen und Römern schon beim bloßen Anblick des Symbols sofort verstanden wurde. Sie kannten Palmzweige als Siegeszeichen bei den sportlichen Wettkampfspielen. Zu Ehren Apolls wurden die Spiele durchgeführt; aus dem Apollo-Heiligtum auf Delos stammten die Palmzweige für die Sieger. Apoll war der Sonnengott, und die Palmzweige kamen aus seinem Heiligtum als Zeichen des von ihm aus erstrahlenden Lichtes und des Friedens unter seiner Macht.

Wenn dieser Baum nun über dem Stall von Bethlehem erschien, dann war's, „als spräch er" vom Sieg und Frieden, der mit Jesu Geburt in die Welt gekommen ist: „Friede auf Erden den Menschen des Wohlgefallens"!

In seinem Frieden ruht der Tote, der in diesen Sarkophag gebettet wurde. Seitdem werden nicht nur die Sieger im friedlichen Wettstreit, die Olympioniken, mit dem Palmzweig ausgezeichnet; die Engel Gottes tragen Palmzweige in den Armen als Boten des Friedens, den Gott mit der Welt und den Menschen in Jesus Christus neu geschlossen hat. Die „Friedenspalme" wurde zum allgemein bekannten Begriff.

Wie bereits in den ältesten Darstellungen, so blieb es weiterhin in den Werken der christlichen Kunst dabei, nichts zu zeigen, was lediglich als schmückendes Beiwerk anzusehen gewesen wäre. Jedes Teilstück der Darstellung hat eine besondere und ganz bestimmte symbolische Bedeutung. Die Betrachter von einst erkannten und deuteten die Bildsymbolik je nach der Tradition, aus der sie zum Christentum gekommen waren, die getauften Römer anders als die getauften Juden. Jahrhunderte später traf dies dann ebenso für die germanischen Völker zu.

Allen soll unser Interesse gelten, die der abendländisch-christlichen Kultur Fundamente errichteten und Impulse gaben für ihre Weiterentwicklung. Aus diesen Quellen fließen die Gedanken, die heute unserem Weihnachtsbaum Gestalt und Deutung geben.

*

In der griechisch-römischen Tradition hat die gesamte Natur teil am Göttlichen. Göttinnen und Nymphen bevölkern Wald und Flur. Bäume werden vergöttlicht, Götter entstanden aus Bäumen, und Menschen wurden als Belohnung der Götter in Bäume verwandelt –

Weihnachtsrelief auf einem römischen Sarkophag, 4. Jahrhundert, Rom, Lateran-Museum. Die Palme – Siegeszeichen vom Apollotempel und Lebensbaum im Paradies – signalisiert den Sieg des Christus, schon bei seiner Geburt.

Metamorphosen, Verwandlungen, Umwandlungen, die Götter, Menschen, Bäume, Sträucher und Blumen wechselweise in der einen oder anderen Gestalt sichtbar werden ließen.

Die schönste Erzählung ist ein hohes Lied auf die Liebe des betagten Ehepaares Philemon und Baukis. Der römische Dichter Ovid berichtet, Zeus und Hermes seien in Gestalt müder Wanderer bei den Menschen auf Erden eingekehrt, um sie zu prüfen. Nachdem sie vor vielen verschlossenen Türen gestanden hatten, gelangten sie zur ärmlichen Hütte der beiden Alten, die sie freundlich aufnahmen und bewirteten. Als Zeichen des Dankes gaben ihnen die beiden Götter zwei Wünsche frei, die in Erfüllung gehen sollten. Philemon und Baukis wünschten sich ein langes Leben und am Ende den gemeinsamen Tod zur gleichen Stunde. Keiner wolle das Grab des anderen sehen, so drückten sie es aus. Erfüllung wurde ihnen zuteil: Die Götter verwandelten ihre Hütte in einen prächtigen Tempel, in dem beide noch lange den priesterlichen Dienst verrichteten. An ihrem Lebensende in hohem Alter wurden sie in eine Eiche und in eine Linde verwandelt, deren Äste sich ineinander verschlangen. In der Gestalt von Eiche und Linde genossen Philemon und Baukis bei den Griechen kultische Verehrung.

Wir erkennen Parallelen zu den Gedanken, die uns heute vor unserem Weihnachtsbaum bewegen: Boten nicht auch Eiche und Linde ein „stilles Bild getreuer Hoffnung"? Im Rauschen ihrer Blätter war es doch, als sprächen die Liebenden, die „treu und fromm geblieben" waren ihr Leben lang, vom göttlichen Frieden!

Im Volkslied sind uns diese Gedanken vertraut: Vom Lindenbaum, in dessen Schatten der Sänger *„so manchen süßen Traum"* erlebt hatte, weiß er zu erzählen: *„Und seine Zweige rauschten,/als riefen sie mir zu:/ Komm her zu mir, Geselle,/hier find'st du deine Ruh!/... Nun bin ich manche Stunde/entfernt von jenem Ort./Und immer hör ich's rauschen:/Du fändest Ruhe dort!"*

Es ist die Stimme mütterlicher Weiblichkeit, die aus der Linde dringt, ein Nachhall noch immer aus der Linde der Priesterin Baukis?: *„Komm her zu mir, – hier findest du deine Ruh"!*

Die Baummythen der Antike finden ihren Höhepunkt in Erzählungen, die mit sehr ähnlichen Motiven Transparenz gewinnen für biblische Texte. Es sind die Geschichten von den schönsten Früchten an den Bäumen im Elysion, von den goldenen Äpfeln der Hesperiden:

Fern im äußersten Westen der Welt, wo Tag und Nacht sich begegnen, an den Grenzen der Bereiche des Meergottes Okeanos, steht Atlas und trägt das Himmelsgewölbe auf seinen Schultern. In seiner Nähe dachten sich die Griechen das Elysion, oder Elysium, wie die Römer sagten, den Garten der Götter, das Ziel im Jenseits für wenige auserwählte Sterbliche, während die große Mehrzahl der ganz gewöhnlichen Menschen nach ihrem Tode zum Schattendasein im Hades bestimmt war.

Atlas hatte drei Töchter, die Hesperiden. Ihnen war die Aufgabe übertragen worden, im Elysion die goldenen Äpfel zu hüten, den schönsten Schmuck an den elysischen Bäumen und die herrlichsten Früchte, die

Speise der Götter. Gäa, die Erdgöttin, hatte sie einst Zeus und Hera als Hochzeitsgeschenk überbracht. Hera zweifelte an der Zuverlässigkeit der Hesperiden und setzte ihnen einen hundertköpfigen Drachen, die große Schlange Ladon, als Wächterin zur Seite.

Mit den Früchten im Paradiesgarten der Griechen hatte es eine eigene Bewandnis: Wer von diesen Äpfeln aß, der gewann die Unsterblichkeit, der wurde – wie Gott! Darum war ihr Genuß den Sterblichen verboten. Die große Schlange bewachte sie, und die Hesperiden ließen kein Auge von ihnen.

Herakles – oder Hercules, wie ihn später die Römer nannten, – einem Sohn Gott Vaters Zeus, war die Aufgabe gestellt worden, drei dieser goldenen Äpfel zu holen. Das war eine von zwölf sehr schwierigen und sehr gefährlichen Aufgaben, denen er sich nach einem delphischen Orakelspruch zu unterziehen hatte.

Wie er sie löste, darüber liegen im Herakles-Mythos verschiedene Berichte vor. Einer weiß von einem Kampf, den Herakles mit der hundertköpfigen Schlange Ladon führte und gewann. Der Gottessohn tötete die Schlange und nahm die Früchte an sich mit Gewalt. Machtlos mußten die Hesperiden dem Raub zuschauen; sie weinten und verwandelten sich aus Trauer in drei Bäume: Schwarzpappel, Ulme und Weide. Herakles aber brachte die Früchte des Paradieses unversehrt zu Zeus und Hera zurück. So kamen die Götterfrüchte zurück zu den Göttern; aber die Schlange war erschlagen!

Im griechischen Mythos war es nicht ein erschaffener Sterblicher, ein Adam oder eine Eva, die sich von der

Schlange im Paradies überlisten ließen mit der dämonischen Zusage: „Ihr werdet sein wie Gott"! Hier war es ein Sohn Gottes, Herakles, der die Äpfel nehmen und durch seine eigene Opferbereitschaft die Spannung lösen konnte, indem er den Göttern gab, was der Götter ist, und den Menschen gab, was ihnen ihr Leben lebenswert macht: die Freiheit von Furcht vor der metaphysischen Bedrohung durch den Schlangendämon, der die Tore vor dem Garten der Götter versperrt hielt.

Antike Interpretationen dieser Geschichte gewinnen wir aus Darstellungen der antiken Kunst. Im Nationalmuseum von Neapel findet sich ein Vasenbild aus Unteritalien, entstanden im 4. Jahrhundert vor Christus, das Aufschlüsse gibt über die Früchte. Gertrud Höhler hat das antike Bild so beschrieben:

„Die goldenen Äpfel im Garten der Götter, den die Töchter des Atlas, die Hesperiden, hüten, sind die Sterne am Himmelsbaum, der in der Milchstraße erblickt wurde … Atlas wird gezeigt mit dem gestirnten Gewölbe des Himmels auf seinen Schultern. Die Sterne also soll Herakles vom Himmel holen; die Früchte vom Baum der Götter sind die Himmelslichter, die die Welt regieren".

Die Kerzen an unserem Weihnachtsbaum finden aus dem antiken Mythos ihre Deutung: in ihnen spiegeln sich die Gestirne! Damit kommt ihnen eine weit höhere Sinngebung zu als sie in der Aufgabe beschlossen liegt, vorübergehend Licht und Wärme zu spenden. Abbildhaft tragen wir mit den Kerzen die Sterne des Himmels in unsere Häuser, die der Weihnachtsbaum schmückt.

Auch der Qual und dem Tod leiht der Baum im antiken Mythos einen eindrucksvollen Anschauungshintergrund. Das kommt nirgends ergreifender zum Ausdruck als im tragischen Geschick des Silens Marsyas, des Sohnes einer Nymphe. Er hatte sich der Musik zugewandt, die ihm zum Schicksal werden sollte. Der Sage nach ist die Göttin Athene die Erfinderin der Flöte gewesen, die sie selbst zu spielen verstand, bis sie eines Tages in ihrem Spiegelbild im Wasser erkannte, daß die geblähten und vor Anstrengung geröteten Wangen ihr Gesicht entstellten. Angewidert warf sie die Flöten fort und verfluchte jeden, der die Instrumente aufheben würde.

Marsyas tat es und erlangte bald eine hohe Fertigkeit im Spiel. In frevlerischer Überheblichkeit allerdings ließ er sich auf einen musikalischen Wettstreit ein mit Apollon, der das Spiel der Kithara meisterhaft beherrschte. Der Besiegte solle dem Sieger bedingungslos ausgeliefert sein, so wurde es ausgemacht. Sieger wurde Apollon, der nun seine göttliche Macht zur Vernichtung des Besiegten einsetzte:

Er ließ Marsyas an eine Pinie hängen und ihm durch einen Skythen bei lebendigem Leibe die Haut abziehen! In der Kunst ist die grausige Szene seit antiker Zeit oft dargestellt worden. Gezeigt wird ein Mann, dessen ausgebreitete Arme an die ausladenden Zweige einer Pinie befestigt und dessen gefesselte Füße an den Stamm des Baumes gebunden sind.

Der Baum bildete das schreckliche Marterwerkzeug, wie es der Christenheit durch das Kreuz Christi bekannt ist. Es gibt Kreuzigungsdarstellungen, auf denen

Jesus nicht an einem gezimmerten Kreuz hängt, sondern an den ausgebreiteten Ästen eines belaubten Baumes. Die Ähnlichkeit mit dem geschundenen Marsyas ist nicht zu übersehen, der von Apoll, von seinem Gott, „geschlagen und gemartert“ worden war! (Jes. 53, 4)

Das Baumsymbol des antiken Mythos hat nicht nur den Blick auf die Lieblichkeit der Natur, die Schönheit der Gewächse und Geschöpfe, der Göttinnen und Nymphen und der Paradiesbäume im Elysion mit ihren goldenen Äpfeln freigegeben; es konfrontiert die Sterblichen mit dem Schicksal des am Holz Geschundenen, für den es kein Erbarmen gibt!

*

Die jüdisch-christliche Überlieferung wurzelt in der Bibel, deren Erzählungen den ältesten Mythen anderer Völker sehr ähnlich sind. Im 1. Buch Mose wird der Urzustand der gottgeschaffenen Welt als ein paradiesisch schöner Garten Gottes beschrieben, als ein wundervoller Hain mit herrlichen Bäumen und köstlichen Früchten. Wie in den antiken Mythen, so fehlt auch in der Bibel die Schlange nicht. Sie ringelt sich mitten unter den Bäumen im Gottesgarten, wo sich zwei besondere Bäume befinden: der Baum der Erkenntnis und der Baum des Lebens, zwei Wunderbäume im Garten Eden! (Gen 2, 9)

Wer die Früchte vom Erkenntnisbaum genießt, dem wird Erkenntnis dessen zuteil, was in Wahrheit gut oder böse ist. Das sei Menschen nicht möglich, meint der biblische Erzähler. Sie leben in der unlösbaren Verquickung von Gut und Böse, von Wahr und Unwahr, von Richtig und Falsch. Sie können die Wahrheit erstreben; aber gegen den Irrtum sind sie so wenig gefeit wie gegen die Lüge. Wäre es anders, sie würden „sein wie Gott"! Das aber dürften sie nie! Damit der Mensch Mensch bleibt, ist ihm der Genuß von den Früchten am Baum der Erkenntnis untersagt, und das Verbot wird mit der Drohung verschärft: „Am Tage, wo du davon ißt, mußt du sterben"!

Als Eva durch die Schlange auf die geheimen Kräfte der Früchte aufmerksam gemacht worden war, erkannte sie auch ihre Schönheit. Jetzt kam ihr der lüsterne Gedanke, daß diese Früchte ausgezeichnet munden müßten. Damit war der Sündenfall nicht mehr aufzuhalten, – trotz des Verbotes! Sie aßen! Die Schlange überredete Eva, Eva verführte Adam, – und Gottes Fluch über die Frevler belastet seitdem die Menschen mit Qual und Tod, die von den Früchten am Erkenntnisbaum gegessen haben.

Auch der Lebensbaum trug Früchte, deren Wirkung in der Bibel nicht anders verstanden wird als in den Mythen der anderen Völker des Altertums auch: Ihr Genuß verleiht die Unsterblichkeit! So steht es geschrieben! (Gen 3, 22)

Die Geschichte von der Vertreibung des ersten Menschen aus Gottes Paradies besagt zweierlei. Einmal: Der auf den Menschen lastende Fluch der Sterblichkeit wird erklärt mit dem Genuß der Früchte vom Erkenntnisbaum. Das andere: Die Vertreibung macht es dem Menschen absolut unmöglich, an die Früchte des anderen Wunderbaumes, des Lebensbaumes, auch nur heranzukommen. Nachdem der Mensch wissend geworden war, – was ihn bereits von allen Geschöpfen der Welt unterscheidet und ihn nur „wenig niedriger" macht denn Gott (Ps 8, 6) – darf er nicht auch noch die Unsterblichkeit erlangen; denn damit würde der Mensch Gott ganz gleich sein!

Die Interpretation der Bäume und Früchte sei wieder aus den Werken der Kunst abgelesen, die sich zu allen Zeiten den Betrachtern nachdrücklicher einprägen, als es literarischen oder predigtmäßigen Erläuterungen möglich wäre.

Der Erkenntnisbaum wird seit alters in der Regel als Apfelbaum dargestellt. Die Frucht, die Eva auf Anraten der Schlange aß und an Adam weitergab, ist ein Apfel gewesen. So will es die Überlieferung und so wird es in den Werken der Kunst dargestellt. Aus der Doppelbedeutung des lateinischen Wortes für „Apfel" erfuhr diese Deutung eine starke Stütze: Das lateinische Wort „malum" kann sowohl mit „Apfel" übersetzt werden, als auch mit dem Begriff „das Böse". Mit einem mittelalterlichen Wortspiel wurde die Sünde der ersten Menschen im Paradies bezeichnet als das „malum e malo", das heißt: „das Böse aus dem Apfel"!

Als Apfel des Sündenfalles gilt der wohlschmeckende, leuchtend rote Granatapfel. Im religiösen Denken des Volkes Israel hat er eine große Rolle gespielt, galt er doch als Symbol für das Kostbarste im Glauben des Judentums, nämlich für Gottes Gesetz, die Thora. Unantastbar wie der Apfel am Erkenntnisbaum im Paradies ist auch die Thora; unantastbar, weil sie in der Gestalt der Schriftrolle Gottes Wort und Willen birgt. Mit 200 Granatäpfeln ließ König Salomo die beiden Säulen schmücken, die rechts und links vor der Halle des Tempels in Jerusalem aufgerichtet waren (1 Kön 7, 18). Granatapfelsymbole zierten auch die berühmten gestickten Vorhänge vor dem Allerheiligsten des Tempels als Hinweis: Hier ist der Ort des unantastbaren, heiligen Gesetzes Gottes. Der Mensch, der versuchen sollte, das Gesetz an sich zu reißen, wäre dem Tode verfallen.

Jesus tat es, – nicht um es abzuschaffen, sondern um es bis in seine letzte Konsequenz zu erfüllen (Mt 5, 17). In der Kunst wurde der Griff nach dem Gesetz dargestellt als ein Griff Jesu nach dem Apfel!

So wurde der Granatapfel in der christlichen Überlieferung zum Symbol der Erlösung. Das bezeugen viele Darstellungen der Mutter Maria mit dem Jesuskind auf ihrem Arm, ein weihnachtliches Motiv besonderer, schöner Art. Das Jesuskind greift nach dem rotbäckigen Apfel, den ihm seine Mutter reicht. Der nun die Frucht vom Baum der Erkenntnis an sich nimmt, der nimmt dadurch auch die Sünde der Welt auf sich.

Beides wird mit dem Apfel zum Symbol, Sündenfall und Erlösung. An Weihnachten gedachte die mittelalterliche Kirche zunächst des Sündenfalles. Der 24. Dezember, der „Heilige Abend“, war der Tag Adams und Evas. Die Geschichte vom Sündenfall war die vorgeschriebene gottesdienstliche Lesung dieses Tages. Erst am 25. Dezember gedachte man der Geburt Jesu, der als der „zweite Adam“ (Rm 5, 12 ff) erschien, um die Sünde der Welt zu überwinden. Für beides wurde der Apfel zum Symbol. Und das ist es, was auch für die Äpfel an unseren Weihnachtsbäumen gilt: Die Heilsgeschichte Gottes mit den Menschen wird jedes Jahr an

Maria mit dem Jesuskind, das nach dem Apfel greift. „Stuppacher Madonna", Altargemälde von Mathias Grünewald (gest. 1528).

Weihnachten gegenwärtig im Symbol der rotbäckigen Äpfel.

Der biblische Lebensbaum hat seine Vorbilder im kleinasiatischen Kulturbereich: Palmen, Feigenbäume, auch Zedern und Zypressen gehören dazu. Um ihrer Früchte willen wird in der bildenden Kunst der Palme der Vorrang vor allen anderen Baumarten zuerkannt. Zeugnisse der religiösen Kunst aus dem Judentum gibt es nicht; das Bilderverbot ließ es nicht zu (2. Mose 20, 4). Darum ist nur der Rückblick auf Zeugnisse christlicher Kunst möglich.

Schon in byzantinischen Mosaiken aus dem 4. Jahrhundert werden oft Dattelpalmen als Kennzeichen des Paradieses verwendet. Die bekanntesten und in der hohen Qualität ihrer Darstellung wohl berühmtesten Mosaiken befinden sich in der Apsis der Kirche San Apollinare in Classe bei Ravenna. Zwei große Palmen begrenzen rechts und links das Apsismosaik; Palmen säumen im oberen Bereich des Kirchenschiffs rechts und links die Wege, auf denen die Märtyrer und die Jungfrauen zum Altar ziehen. Sie alle befinden sich bereits im Paradies, und dies wird angezeigt von den Palmen, dem paradiesischen Lebensbaum.

Die christliche Kunst bietet also deutliche Unterscheidungsmerkmale für den Erkenntnisbaum und für den Lebensbaum. Wie in den Kunstwerken der Apfelbaum ein Abbild wurde für den „Baum der Erkenntnis“, so wurde der Palmbaum zum Symbol für den „Baum des Lebens“. Unter sehr vielen Beispielen sei auf ein Werk von Matthias Grünewald verwiesen: Auf einem linken Flügel des Isenheimer Altares stellte er den

Baum der Erkenntnis als einen dürren, abgestorbenen Obstbaum hinter dem heiligen Antonius dar und den Baum des Lebens hinter dem Eremiten Paulus als eine grünende Palme.

Der Mythos der Bäume im Paradies entwickelte sich in zwei verschiedene Richtungen weiter und erlangte damit eine jeweils andere Bedeutung für die Frömmigkeit und für den Kultus der Frommen bei den Juden und bei den Christen.

Die Juden behielten im Tempel zu Jerusalem eine sichtbare Erinnerung an den Lebensbaum in Gestalt des Siebenarmigen Leuchters. Knapp eineinhalb Meter hoch, war er aus purem Gold gefertigt worden. Der mittlere, senkrechte Hauptträger wuchs aus einem Blütenknauf heraus und bildete den Stamm dieses goldenen Baumes. Die sechs Nebenarme, drei an jeder Seite, wuchsen wie Zweige aus dem Stamm, jeder einzelne aus drei mandelförmigen Blütenkelchen, die sich am Stamm befanden. So glich der ganze, hohe Leuchter mit dem Stamm und seinen sechs Zweigen einem mit Mandelblüten reich geschmückten Baum. (2. Mose 25, 31-40. 37, 17-24; Sach. 4)

Die Seitenzweige waren so gestaltet, daß jeweils zwei gegenüber befindliche einen Halbkreis bildeten. Die für die Aufnahme der Lampen bestimmten sieben Blütenkelche lagen alle auf einer geraden Linie. In dieser Art der Darstellung symbolisierten die sieben Leuchten die sieben Planeten, wie man sie damals kannte. Die Leuchte auf dem Hauptarm in der Mitte wurde auf die Sonne gedeutet, die sechs Leuchten an den Spitzen der

Nebenarme auf die Planeten, die die Sonne in Halbkreisen umgeben. Damit dringt die Deutung des Siebenarmigen Leuchters in kosmische Dimensionen vor.

Eine drachenartige Tiergestalt am Fuß des Leuchters bestätigt noch besonders, daß der Leuchter nicht einfach als Kunstwerk auf Grund ästhetisch-künstlerischer Einfälle gefertigt worden war, sondern als Symbol des Lebensbaumes im Paradies, an dessen Stamm auch die Schlange nicht übersehen wurde.

Die Gestirne am Himmel sind seine Früchte. Sie leuchten von diesem Weltenbaum herab als Hoffnungszeichen zur Stärkung des Glaubens an die Macht göttlichen Lichtes in allen Dunkelheiten menschlicher Existenz. Er ist das Lob des Schöpfers der ganzen Welt, das mit dem Siebenarmigen Leuchter im Heiligtum Israels Gestalt gewann.

Im Christentum wurde die Erlösung des in Sünde verstrickten Menschen zum Hauptanliegen religiöser Sehnsucht. Zum Ort der Erlösung wurde das Kreuz. In der christlichen Kunst gingen der Baum der Erkenntnis und das Kreuz eine so innige Verbindung ein, daß Christi Kreuz auch als Baumkreuz dargestellt werden konnte.

Auf einem Altarbild der Kapelle im Schloß Tirol ist der Gekreuzigte nicht an ein aus rohen Balken gezimmertes Kreuz angeheftet, sondern an den auseinander strebenden Ästen eines Baumes, der mit seinen grünen Blättern als ein wirklich lebender Baum gemeint ist, als Baum der Erkenntnis des Paradieses. Das Bildmotiv unterscheidet sich nicht von antiken Darstellungen des

Flucht der hl. Familie nach Ägypten. Kupferstich von Albrecht Dürer, aus dem Marienleben von 1511

am Baum gehenkten und geschundenen Marsyas. Nur der Ort, der Altar einer christlichen Kapelle, bestätigt die Bildaussage: Christus wurde am Erkenntnisbaum gekreuzigt, an dem einst Adam und Eva die Todsünde begingen!

Ein mittelalterliches italienisches Fresko verdeutlicht den Gedanken noch stärker: Christus hängt am Baum der Erkenntnis. Zu seinen Füßen ringelt sich die Schlange bis in halber Höhe zum Ansatz der Äste. Unmittelbar über ihr hängt Christus, die Füße am Stamm, die ausgebreiteten Arme inmitten der Äste des Baumes. Unten links steht Maria mit den Heiligen des Neuen Bundes neben dem Stamm, rechts die nackte Eva mit Adam, Mose und den Propheten des Alten Bundes.

Die Aussage ist eindeutig: Durch Christi Tod und Auferstehung wurde der Baum des Paradieses wieder zum zeichenhaften Symbol neuer Lebensmöglichkeit für den Menschen; ohne Ostern kann Weihnachten nicht sein und ohne die österliche Freude gibt es die Weihnachtsfreude nicht!

Das wird auch von einem Baumkreuz in Nürnberg einprägsam verdeutlicht. Es befindet sich in St. Lorenz auf dem Triumphbogen am Ende des Langschiffes. Hier ist das Kreuz als ein großer goldener Baum gestaltet, mit Blattwerk, Früchten und eingearbeiteten Engeln ausgestattet. Die Blicke der Gemeinde erreichen aus dem Langschiff die Weihnachtsbäume am Altar nur mit dem Erkenntnisbaum des Gekreuzigten im Blickfeld. Der Gottessohn hat „der Schlange den Kopf zertreten“ (Gen 3, 15)! Ihre Weihnachtsfreude jubelt die Gemeinde hinaus:

Lobt Gott, ihr Christen, alle gleich
in seinem höchsten Thron
der heut schleußt auf sein Himmelreich
und schenkt uns seinen Sohn.

Heut schleußt er wieder auf die Tür
zum schönen Paradeis;
der Cherub steht nicht mehr dafür.
Gott sei Lob, Ehr und Preis!

Wir erinnern uns, daß die Palme zu den ältesten Darstellungen der Geburt Jesu gehört als der ursprüngliche Weihnachtsbaum und daß diese ältesten Geburtsdarstellungen, wie auch die Feier des Weihnachtsfestes überhaupt, erst spät, nämlich erst seit dem 4. Jahrhundert in Erscheinung traten. Die Christen, die in jener Zeit das Weihnachtsfest zu feiern begannen, blickten auf die ganze Jesusgeschichte zurück, nicht nur auf Bethlehem, sondern auch auf Golgatha und auf den Sieg des Auferstandenen über Tod und Teufel. Den getauften Römern, – um solche handelt es sich – waren die Palmzweige als Siegeszeichen geläufig. Diese Zeichen richteten sie schon bei der Botschaft von der Geburt des siegreichen Heilandes auf.

Die Auffassung, daß es die Dattelpalme sei, die den paradiesischen Lebensbaum zu erkennen gibt und die als Weihnachtsbaum zu den Erzählungen von Jesu Geburt gehört, hat sich bis in die Neuzeit erhalten und diente häufig künstlerischen Aussagen über diese Geschehnisse. So wurde die Palme oft auf Bildern von der Flucht der heiligen Familie vor Herodes gezeigt als Lebensbaum, der das Überleben des Jesuskindes sichert.

Bekannt ist Albrecht Dürers Kupferstich, auf der eine mit Früchten reich beladene Palme die ganze Länge des linken Bildrandes ausfüllt. Die Palmwedel an der Spitze des Baumes füllen über die Hälfte des oberen Bildrandes aus; sie neigen sich wie ein beschützendes Dach über Mutter und Kind.

Eine eindrucksvolle Darstellung findet sich auch auf einem Flügel des Hochaltars im Freiburger Münster. Hans Baldung Grien hat sie gemalt als Illustration einer aus außerbiblischen Quellen stammende Palmenlegende. Gertrud Höhler hat sie anmutig nacherzählt:

„Maria und Josef suchten auf ihrer Flucht in der Wüste Schutz vor der Sonne. Sie fanden einen Palmenbaum. Maria wollte von den Früchten pflücken, konnte sie aber nicht erreichen; sie hingen zu hoch ... Darauf befahl das Kind, die Palme solle ihren Wipfel herabneigen. Dies geschah, und Maria labte sich an den Früchten und pflückte, soviel beide brauchten. Erst auf den Befehl des Kindes richtete sich die Palme wieder empor. Nun befahl das Kind, an ihren Füßen solle eine Quelle entspringen, und schon quoll das Wasser hervor."

Die Legende vergegenwärtigt und erneuert den biblischen Mythos vom Paradies. Hans Baldung Grien hat den Charakter der Anmut noch wesentlich verstärkt, indem er vier kleine Engel, Putten im Flügelkleid, der Szene hinzufügte. Sie pflücken Datteln, bringen sie dem Kind und ziehen die Baumspitze vollends hinab. Uns erinnert das Motiv ebenso an die Baumnymphen der Antike wie an die „zwei Engel", die hereingetreten waren zum Weihnachtsbaum, an dem die

Ruhe auf der Flucht. Gemälde von Lukas Cranach d. Ä. (gest. 1553).

Lichter brennen, um zu beten und Liebe und Frieden anzusagen.

Das Freiburger Altarbild mit der Darstellung der Palmenlegende entstand zur gleichen Zeit, aus der die ersten Nachweise für die Verwendung der Tanne als Weihnachtsbaum in Deutschland vorliegen. Die Urkunden über die „Weihnachtsmayen" aus dem Tannenwald werden illustrativ ergänzt mit Werken bekannter Künstler jener Zeit. Lukas Cranach, ein Zeitgenosse Hans Baldung Griens, Albrecht Dürers und anderer großer Meister des 16. Jahrhunderts, schuf mit seinem berühmten Gemälde „Ruhe auf der Flucht" ein Urbild deutscher Weihnacht: Die heilige Familie hat sich am Waldesrand neben einer Quelle niedergelassen. In der Mitte erhebt sich über die gesamte Szene ein großer Tannenbaum, durch dessen Geäst der Himmel scheint mit der Welt der Gestirne. Aus der Quelle schöpfen Engel, andere Engel musizieren und spielen mit dem Jesuskind. So wurden, nach der Übersetzung der Bibel in die deutsche Sprache, die biblischen Geschichten in die Welt der deutschen Städte, Dörfer, Wälder und Felder übersetzt. Hier kommt die Palme nicht vor. Die immergrüne Tanne tritt an ihre Stelle. Alle anderen Bildmotive entsprechen den Traditionen aus der antiken und aus der biblischen Mythologie.

Mit der Tanne als Weihnachtsbaum kam es nun auch zur Übernahme von Gedanken, die den germanischen Mythen entstammen.

*

Die Wurzel zahlreicher germanischer Mythen und Legenden ist in der Überzeugung zu suchen, der Baum habe eine Seele wie der Mensch. Im Schöpfungsmythos der Edda wird die Erschaffung der ersten beiden Menschen auf das engste mit zwei Bäumen verbunden: Drei Götter – so wird es in der Edda geschildert – nahmen zwei vom Meer angeschwemmte Baumstämme auf, eine Esche und eine Ulme, und machten aus der Esche einen Mann und aus der Ulme eine Frau. Sie verliehen diesen beiden ersten Menschen Leben und Geist, Verstand und Gefühl und die Sprache.

Wie die Erschaffung der Menschen, aus Bäumen, so stellt die Edda die Welt im ganzen dar mit einem Baummythos, der in kosmische Weiten reicht.

Das gesamte Weltall dachten sich die Germanen von einem mächtigen Baum zusammengehalten, dem immergrünen Weltenbaum Yggdrasil. Er breitet seine Zweige über die ganze Welt aus. Seine Wipfel reichen bis nach Walhall, dem Wohnsitz der Götter. Der Stamm ist der Bereich der Natur mit der Welt der Pflanzen und Tiere. Seine Wurzeln verzweigen sich bis tief unter die Erde. Drei Hauptwurzeln tragen den Baum, unter jeder entspringt eine Quelle. Die eine Wurzel reicht nach Midgard, dem von den Menschen bewohnten Teil der Erde, die andere verzweigt sich in das Reich der Reifriesen, der Feinde der Götter. Die dritte Wurzel ragt in die Bereiche des Nebels, der Kälte und des Todes. Hier nagt ein Drache, ein Dämon in der Gestalt einer gewaltigen Schlange, ständig an der Wurzel, um die endzeitliche Zerstörung des Weltenbaumes unwiderruflich zu machen.

Es ist ein spannunggeladenes Bild des Kosmos, das der Mythos vom Weltenbaum vermittelt. Die ständige

Lebensbedrohung, unter der Götter und Menschen stehen, und die Zielgerichtetheit auf den Untergang in der endzeitlichen Vernichtung des Baumes mit den Menschen und den Göttern in ihrer „Götterdämmerung“ erläutern eindringlich das Lebensverständnis des Germanen unter der Not seines Existenzkampfes und der Bedrohung durch den Tod. Ihm wachsen keine Datteln in den Mund; dennoch behält er die Hoffnung, solange seine heiligen Bäume grünen und den Fortgang der Lebensmöglichkeiten anzeigen.

Welcher Art der Weltenbaum zuzuordnen sei, wird aus der Edda nicht eindeutig klar. Eine andere Quelle, die Adam von Bremen um die Jahrtausendwende verfaßte, berichtet über den Baum:

„Er ist immer grün, im Winter sowohl als auch im Sommer. Von welcher Art er ist, weiß niemand.“

Das „Immergrün“ des Weltenbaumes läßt vermuten, daß er nicht als Esche gedacht war, wie die für ihn gebrauchte Bezeichnung „Weltenesche“ vermuten käßt, sondern als ein immer grüner Nadelbaum. Germanische Kultbräuche lassen darauf schließen, daß die Eibe dem Weltenbaum als Vorbild diente.

Fand menschliches Dasein im Wesen zweier Bäume seinen Ursprung, so galt auch die Überzeugung, daß die Seelen der Abgeschiedenen in die Bäume der Wälder zurückkehren. Markante Baumgruppen, die ehrfurchtsvolle Scheu abforderten, würdigten die Germanen als heilige Haine, in denen man den Toten Steinmäler errichtete. Von Tacitus wissen wir, daß den Germanen der Wald als heilig galt; mit religiöser Scheu betraten sie ihn, manchmal mit gefesselten Händen.

Aber auch dem einzelnen Baum kam unter besonderen Umständen eine besondere Verehrung zu. Adam von Bremen danken wir den Bericht über einen germanischen Tempel in Uppsala mit den Götterbildern von Thor, Odin und Frey. Dort stand auch eine immergrüne Eibe, die als heiliger Baum verehrt wurde. Sie ist der einzige Baum in den nördlichen Breiten, dessen Nadeln giftig sind und, wie jedes Gift, auch als Arznei Bedeutung erlangten. Diese geheimnisvolle Kraft und ihre bis zu zweitausend Jahren reichende Lebensdauer qualifizierten die Eibe insonderheit als heiligen Baum. In Torfmooren sind uralte Eibenstubben von einem Meter Durchmesser ausgegraben worden. An den Wurzeln der großen alten Eibe im Tempel von Uppsala entsprang eine heilig gehaltene Quelle. Hier fanden sich die germanischen Stammesfürsten zu ihren Beratungen ein und brachten bei ihren Versammlungen den Göttern Opfer dar.

So treten aus den mythischen Vorstellungen und aus den Lebensräumen der Germanen, beispielhaft im Tempel von Uppsala, die Koniferen ein in die Reihe der heiligen Bäume, die zu unserer Zeit als Weihnachtsbäume wertgeschätzt sind. Die Eibe konnte nicht der deutsche Weihnachtsbaum werden; seit dem Mittelalter bereits ist ein solcher Rückgang der Bestände zu verzeichnen, daß die Eibe längst unter Naturschutz gestellt werden mußte. Sicher ist, daß unser Weihnachtsbaum, der als Tanne, Fichte oder Kiefer erfreut, auf die Lebensbäume aus dem Bereich germanischer Mythen weist, unter denen der Weltenbaum den ersten Rang einnimmt.

Warum sollt ich nicht grünen,
da ich noch grünen kann?
Hab nicht Mutter noch Vater,
der mich versorgen kann.

Und der mich kann versorgen,
das ist der liebe Gott,
der läßt mich wachsen und grünen,
drum bin ich schlank und groß.

Wie die Griechen und Römer, so erlebten auch die Germanen in ihren Mythen das Holz als Instrument des Todes, und zwar nicht nur wie den Galgen, an dem Marsyas gehenkt wurde, sondern als Waffe, die den Tod bringt. Davon kündet der Baldur-Mythos:

Nach den Berichten der Edda war Baldur, ein Sohn des Gottes Odin und der Göttin Frigga, selber zum Gott des Lichtes und der Reinheit, zum Sonnengott emporgestiegen. Durch böse Träume geängstigt, fürchtete er einen vorzeitigen Tod. Darum nahm seine Mutter Frigga alles, was in der Welt ist, Lebendes und Lebloses, in die eidlich beschworene Verpflichtung, ihrem

Sohn Baldur nicht zu schaden. Doch sie übersah dabei die unscheinbare, im Geäst der Bäume schmarotzende Mistel.

Loki, der von den Riesen abstammte und viel Unheil stiftete, entlockte Frigga ihr Geheimnis, um Baldur zu vernichten. Dazu mißbrauchte er den blinden Wintergott Hödur, einen Bruder Baldurs. Der Mistelzweig verwandelte sich in Lokis Faust zum todbringenden Pfeil, den er Hödur auf den Bogen legte. Loki überredete ihn, in Richtung auf Baldur zu zielen – dem Göttersohn könne ja nichts geschehen! –, und Hödur traf Baldur tödlich.

Baldurs Leichnam wurde auf ein Schiff gelegt. Thor weihte es mit seinem Hammer, bevor es brennend in See stach. Die Lohe bedeckte den Himmel, und die Sonne wurde schwarz, wie es in der jüngeren Edda heißt: „Es sinkt die Erde ins Meer, vom Himmel fallen die hellen Sterne".

Die Natur trauert, die Kälte bricht herein und die Kraft der Sonne erlischt, bis die Zeit ihrer Wiederkehr aus dem Banne des Winters kommt, die als eine Wiederkehr Baldurs aus dem Totenreich gedeutet und gefeiert wurde.

Hatte der als Waffe gebrauchte Mistelzweig Baldurs Tod herbeigeführt, so waren mit ihm, dem Sonnengott, die Lebenskräfte der Sonne erloschen. Nun war dies die Meinung des Mythos: Diese starken Lebenskräfte waren aus dem Leichnam in den Mistelzweig übergegangen, der Baldur durchbohrte und zur Strecke gebracht hatte. Den gegabelten, im Winter mit einer goldgrünen Rinde umkleideten Zweigen der Mistel wurden daher besondere geheime Kräfte zugeschrieben. Der Gabelzweig der Mistel, jenes Symbol der die Winterkälte überdauernden Sonnenkraft, galt als ein kräftigendes Heilmittel gegen alle Übel.

Die Sonne überwindet den Tiefpunkt ihrer Schwäche mit dem Tag der Wintersonnenwende, an dem wir unser Weihnachtsfest begehen und die Germanen die Neugeburt Baldurs feierten. Das war das Julfest, der Tag, an dem sie ihre Häuser mit Mistelzweigen schmückten.

In England ist die Erinnerung daran lebendig geblieben. Noch immer hängt man dort zur Weihnacht Mistelzweige an die Stubendecken und über die Türen. So hat die Mistel teil an den Baummythen, die die Weihnachtszeit mit ihrer Heimlichkeit verinnerlichen.

*

Uns ist das „Dattelbäumchen" zum Tannenbaum geworden, zur Fichte oder Kiefer, die wir zur Weihnacht in unsere Häuser tragen als ein noch immer lebendiges Erbe aus der germanischen Mythologie. Das Immergrün der Waldbäume gilt bleibend als ein Zeichen der Hoffnung. „Du grünst nicht nur zur Sommerzeit, nein, auch im Winter, wenn es schneit", so singen unsere Kinder den Weihnachtsbaum an und bestätigen ihm mit ihrem Lied: „Dein Kleid will mich was lehren: die Hoffnung und Beständigkeit gibt Trost und Kraft zu aller Zeit"!

Zahlreiche Geschichten und Gedichte um den Tannenbaum offenbaren meist nichts anderes als die Liebe zum stillen Glück, zur kleinen Idylle, wie Ludwig Richter sie gezeichnet und Matthias Claudius sie besungen hat. Daß wir den weihnachtlichen Tannenbaum

O Tannenbaum, o Tannenbaum,
du kannst mir sehr gefallen.
Wie oft hat nicht zur Weihnachtszeit
ein Baum von dir mich hoch erfreut.
O Tannenbaum, o Tannenbaum,
du kannst mir sehr gefallen.

O Tannenbaum, o Tannenbaum,
dein Kleid will mich was lehren.
Die Hoffnung und Beständigkeit
gibt Trost und Kraft zu jeder Zeit.
O Tannenbaum, o Tannenbaum,
dein Kleid will mich was lehren.

als ein Abbild des paradiesischen Lebensbaumes verstehen dürfen, der paradiesische Freude ansagt, dafür gibt es nur wenige Zeugnisse. Eins stammt von Goethe. Er hat es seinem Werther in den Mund gelegt, der sich erinnert, daß ihn die weihnachtliche „Erscheinung eines geputzten Baumes mit Wachskerzen, Zuckerwerk und Äpfeln in paradiesische Entzückung setzte". „Paradiesische Entzückung" – Goethes Verstehenshilfe erlaubt noch immer die Interpretation des Weihnachtsbaumes mit den Mitteln mythischer Vorstellungen aus dem abendländischen Kulturkreis. Wenn auch der Tannenbaum „abgeschlagen im geschützten Raum vergeht", die paradiesische Freude, die er auslöst, ist mehr als die vorübergehende rauschhafte Fröhlichkeit eines Festes; es ist die Freude, die als Kraft der Seele ein Leben prägt und trägt.

Was unseren Tannenbaum zum Weihnachtsbaum macht, ist sein Schmuck. Die brennenden Kerzen sind sein wichtigstes Attribut. Von den Mythen der Antike bis hin zu den Bildern der biblischen Überlieferung gelten die Sterne am Himmel als die Früchte des Lebensbaumes. Sie werden durch die Kerzen am Weihnachtsbaum vergegenwärtigt. Darum besagen sie viel mehr noch, als ihre landläufige Deutung meint, daß nämlich die brennende Kerze, die sich selbst verzehrt, während sie andern Licht und Wärme spendet, das Sinnbild dienstwilliger Opferbereitschaft sei bis hin zur Selbstaufopferung. Davon künden die Kerzen auch, das ist gewiß; aber es ist nicht alles: Von besonderer Art ist ihr Symbolwert als Abbilder der Gestirne, die unser „Einssein mit dem Unendlichen" anzeigen.

Sieben Kerzen am Baum sollten es sein, nach der von den Alten angenommenen Zahl der Planeten. Auch zwölf könnten erstrahlen, den Sternbildern der 12 Tierkreiszeichen entsprechend, in denen wir die Sternenwelt erleben. Auf jeden Fall kann es sich nur um lebendige, flammende Leuchten handeln, die brennen und vergehen, die Leben und Tod signalisieren als das, was uns zu sein aufgegeben und zu erleiden auferlegt ist.

Angesichts der mythologischen Deutung kann die elektrische Christbaumbeleuchtung nur als ein grober Stilbruch empfunden werden, der die Symbolwerte ignoriert und damit auch die Gemütswerte zunichte macht. Sie sei der kommerziellen Werbung anheim gegeben; in unsere Häuser gehört sie nicht.

Eine echte Ergänzung bieten die Strohsterne in den grünen Zweigen. Ihr goldgelber Schimmer reflektiert den Strahlenglanz der Kerzen und unterstreicht ihre mythologische Deutung und den Wunschgedanken, in den ewigen Kreislauf des Lebens eingebettet zu sein, den wir an den Gestirnen, an Sonne, Mond und Sternen erfahren. Die Strohsterne am Weihnachtsbaum halten die Erinnerung daran wach, auch wenn die Kerzen erloschen sind.

Äpfel gehören zum Weihnachtsbaum, schöne, rotbäckige Äpfel. Wo wir die Äpfel am Weihnachtsbaum sehen, da gehen unsre Blicke durch den Baum hindurch zu den Äpfeln am Baum der Erkenntnis im Paradies.

Die Zwiespältigkeit der Mahnung aus den Äpfeln unterdrücken oder verdrängen wir nicht, zumal wir wissen, daß es nicht das letzte Wort sein kann, was zum

Ausdruck kommt mit dem Satz: „malum e malo" – „das Böse – aus dem Apfel"! Die Äpfel als Früchte unseres Weihnachtsbaumes weisen auf den, der die Frucht nahm, um die Glaubenden zu befreien und froh zu machen. Die roten Äpfel am Weihnachtsbaum lachen uns an mit ihrem Glanz.

Hohe Nacht mit großen Feuern,
die auf allen Bergen sind,
heut' muß sich die Erd' erneuern
wie ein junggeboren Kind.

Mütter, euch sind alle Feuer,
alle Sterne aufgestellt,
Mütter, tief in euren Herzen
schlägt das Herz der weiten Welt.

Wo Kinder im Hause leben, wird man darauf bedacht sein, daß die Früchte am Baum eßbar sein müssen, die

Äpfel und die Nüsse, das Zuckerzeug und das Backwerk in den Zweigen, zur Freude der Kinder.

Wo das nicht so ist, da können leuchtend rote Kugeln als Erinnerung an die leuchtend roten Granatäpfel den Charakter des Weihnachtsbaumes prägen helfen.

So versinnbildlicht der Weihnachtsbaum mit seinen Kerzen den Lebensbaum des Paradieses und mit den Äpfeln als seinen Früchten den Baum der Erkenntnis aus dem Paradies.

Ein Verkündigungsengel kann die Spitze des Baumes zieren. Die Mythen aller Völker wissen von Erscheinungen, die den Baum beleben und seine Botschaft verstärken, von Nymphen und von Engeln. Bei uns kann es ein Nürnberger Rauschgoldengel sein, der daran erinnert und uns mahnt, auf die Weihnachtsbotschaft zu lauschen.

*

„Das Zeichen“, das zu merken ist, das ist das Kind in der Krippe. Wir fanden dies „Zeichen“ auf dem von Lukas Cranach gemalten Urbild deutscher Weihnacht. Abbildhaft entsteht es in unseren Häusern wieder mit der Weihnachtskrippe am Fuße unseres Tannenbaums. Die Weihnachtslegenden des Neuen Testamentes mit der Fülle ihrer Bilder verkündigen, daß in dem Jesuskind alles wahr geworden sei, was die Völker seit alters erwartet und die Väter erbetet haben. Die Fülle der Bilder wurde auf vielfache Weise künstlerisch vergegenwärtigt. Von den ältesten Darstellungen auf römischen Sarkophag-Reliefs bis hin zu Werken Dürers, Altdorfers und vieler anderer Künstler verkündigt jedes Teil-

Euch ist ein Kindlein heut geborn
von einer Jungfrau auserkorn,
ein Kindelein so zart und fein,
das soll eur Freud und Wonne sein.

Es ist der Herr Christ, unser Gott,
der will euch führn aus aller Not,
er will eur Heiland selber sein,
von allen Sünden machen rein.

Er bringt euch alle Seligkeit,
die Gott der Vater hat bereit',
daß ihr mit uns im Himmelreich
sollt leben nun und ewiglich.

So merket nun das Zeichen recht:
die Krippe, Windelein so schlecht,
da findet ihr das Kind gelegt,
das alle Welt erhält und trägt.

Die Völker haben dein geharrt,
bis daß die Zeit erfüllet ward;
da sandte Gott von seinem Thron
das Heil der Welt, dich, seinen Sohn.

Wenn ich dies Wunder fassen will,
so steht mein Geist vor Ehrfurcht still;
er betet an und er ermißt,
daß Gottes Lieb unendlich ist.

Jauchzt, Himmel, die ihr ihn erfuhrt,
den Tag der heiligsten Geburt;
und Erde, die ihn heute sieht,
singt ihm, dem Herrn ein neues Lied!

Dies ist der Tag, den Gott gemacht,
sein werd in aller Welt gedacht;
ihn preise, was durch Jesum Christ
im Himmel und auf Erden ist.

stück etwas von dem, was in den Mythen der Völker erahnt und von den Propheten der Bibel ersehnt wurde:

Da ist der Stall – eine Hütte, eine Ruine – als Bestätigung des Prophetenwortes: „Ich will die zerfallene Hütte Davids wieder aufrichten“ (Amos 9, 11); hier in Christus ist es wahr geworden!

Da sind die Tiere im Stall, – Erfüllung des Prophetenwortes: „Ein Ochse kennt seinen Herrn und ein Esel die Krippe seines Herrn“ (Jes 1, 3) – auch die Tiere sind in Gottes Heilsplan eingeschlossen!

Da liegt das Kind auf Heu und Stroh mit seiner Mutter; denn hier ist erfüllt, was Jesaja geweissagt hatte: „Siehe, eine Jungfrau ist schwanger und wird einen Sohn gebären“ (Jes 7, 14).

Der Stern von Bethlehem fehlt nicht über dem Dach. Er hat den Weisen den Weg gewiesen und ist uns als Zeichen gesetzt wie für sie: „Da sie den Stern sahen, wurden sie hoch erfreut und gingen in das Haus und fanden das Kind mit Maria, seiner Mutter“ (Mt 2, 10).

Darüber nun der Baum, unser Weihnachtsbaum, unser Lebensbaum! Er verbindet unsere Gedanken und Wünsche mit den Sehnsüchten der Menschheit aller Zeiten und ruft uns zur Freude auf an dem, was uns Erfüllung wurde.

Der Epiphaniastag, 6. Januar

Die Heiligen Drei Könige,
der Weihnachtsstern als Wegzeichen

Mit dem Epiphaniastag, dem 6. Januar, wird der Weihnachtsfestkreis geschlossen. Der Weihnachtsbaum findet sein Ende unter dem sonstigen Abfall, wo er noch

Die heilgen drei König mit ihrigem Stern
sie bringen dem Kindlein das Opfer so gern.
Sie reisten in schneller Eil,
in dreißig Tag vierhundert Meil.

Die heilgen drei König mit ihrigem Stern
knien nieder und ehren das Kindlein, den Herrn.
Ein selige, fröhliche Zeit
verleih uns Gott im Himmelreich!

kurze Zeit von der verschwundenen Herrlichkeit träumt und von den glänzenden Augen der Kinder, die von seinen süßen Früchten genascht hatten. Andersen hat diesem traurigen Ende eine besinnliche Erzählung gewidmet. Heute verzehren sie daheim den Rest an süßen Spekulatien. Weihnachten geht vorbei; dies ist nun der letzte Tag.

Gegen Abend wird es noch einmal lebendig im Haus: Die Sternsinger kommen! Drei muntere Knaben, als Könige verkleidet, einer als Mohrenkönig mit geschwärztem Gesicht, Kronen aus Goldpapier auf den Köpfen, so gehen sie von Tür zu Tür. An einer langen Stange tragen sie einen großen Stern vor sich her. Andere Kinder geben ihnen das Geleit. Mit ihrem Lied erbitten sie Gaben, die sie entweder selber verzehren oder, soweit es sich um Geldspenden handelt, einem wohltätigen Zweck zuführen.

Der Ursprung des Epiphanifestes in Ägypten

Das Auftreten der Sternsinger bildet den letzten, noch immer erhaltenen Rest einstiger Weihnachtsbräuche, und der 6. Januar ist der Tag, an dem es überhaupt erstmalig in der Geschichte der Kirche zu einem festlichen, weihnachtlichen Gedenken der Erscheinung Gottes in Jesus Christus auf Erden gekommen war. Es begann in Ägypten.

Hier fanden sich in der Frühzeit der Kirche Christen zusammen, die christliches Gedankengut mit anderen religiösen Vorstellungen vermischten, auch mit kultischen Bräuchen aus ihrer vorchristlichen Vergangenheit und der nichtchristlichen Umwelt, in der sie lebten. Als geistiges Haupt solcher Vorstellungen wirkte in der Mitte des 2. Jahrhunderts in Alexandria der Gelehrte Basilides. Ihm kam es für das Erlösungshandeln Gottes nicht auf den Kreuzestod und die Auferweckung Jesu an. Entscheidend war für ihn, daß Gott den Geist herabgesandt hatte auf Jesus bei seiner Taufe im Jordan.

Das Gedächtnis der Taufe Jesu feierten seine Anhänger, die Basilidianer, seit dem Ende des 2. Jahrhunderts in der Nacht zum 6. Januar. Sie nannten dies das Fest der Epiphanie, d.h. der Erscheinung der Herrlichkeit Gottes auf Erden.

Das Wort stammt aus dem politischen Sprachgebrauch: Im giechisch-sprachigem Osten des Römischen Reiches nannte man den feierlichen Besuch eines Herrschers in einer Stadt seine „Epiphanie". Mit der Entfaltung des Hofzeremoniells offenbarte der Kaiser bei einer solchen Gelegenheit seine Herrlichkeit den Menschen seines Reiches.

In dieser Sinngebung verstanden die Basilidianer in Ägypten die Taufe Jesu als Ereignis, bei dem Gott seine Herrlichkeit offenbart hatte, als er im Geist in Gestalt einer Taube herabfuhr und sichtbar zum Ausdruck brachte, daß mit Jesu Taufe im Jordan Gott selbst in diesem Jesus gegenwärtig sei. „Christ ist erschienen"! Das fanden sie im Taufwunder bestätigt!

Der Termin des Festes, die Nacht vom 5. zum 6. Januar, und die bald einsetzende Verbindung des Gedenkens der Taufe Jesu mit der Botschaft von seiner Geburt, hatten ihren Grund in den bereits vorgefundenen

Festen, die in Ägypten am 6. Januar begangen wurden. Wunderbare Kräfte schrieben die Ägypter dem Nilwasser für diese Nacht zu, in der, wie sie glaubten, ein Gott von einer jungfräulichen Göttin geboren worden sei; sie nannten ihn „Aion“ und verehrten ihn als Ewigkeitsgott. In Alexandria feierten sie die Epiphanie des Aion als seine jährlich wiederkehrende Erneuerung wie die Wiederkehr der Sonne: „Die Jungfrau hat geboren – das Licht steigt auf!“, so erscholl der Ruf bei der nächtlichen Mysterienfeier am 6. Januar. Und so feierten sie die Epiphaniasnacht zugleich als Neujahrsbeginn nach der Sonnenwende, als Fest des wieder aufsteigenden Sonnengottes.

Mit der Aion-Vorstellung war der Mythos von Osiris und Isis eng verbunden. In ältester Zeit scheint es sich überhaupt nur um diese beiden Gottheiten gehandelt zu haben. Gewißheit besteht lediglich darin, daß der Termin des Epiphanie-Festes an das Geburtsfest des Aion gebunden war und daß dieser Termin für das christliche Epiphaniasfest bestimmend gewesen war, während der kultische Festinhalt, die Riten der Wasserweihe und der Gebrauch des geweihten Wassers, aus dem Osiriskult übernommen wurde. Dieser Mythos hat eine so starke und auch heute noch feststellbare Wirkung erzielt, daß es unerläßlich ist, dem Osiris-Mythos nachzuspüren, um christliche Kult- und Festbräuche an Epiphanias nach Herkunft, Gestalt und Gehalt zu verstehen.

Osiris, dem Mythos nach aus königlichem Haus, erlag in seiner Jugendblüte dem Haß seines Bruders Set. Überwältigt von den Schergen Sets, wurde Osiris in eine Lade eingeschlossen, die sie in den Nil warfen, um ihn zu ertränken. Isis suchte klagend am Ufer des Nils nach der Leiche ihres Gatten und fand sie, als der Kasten mit dem Leichnam nach sieben Tagen an das Ufer trieb. Set aber gelang es, auch noch des Toten habhaft zu werden. Er zerstückelte die Leiche und verstreute die Teile weithin ins Land der Ägypter. Nun mühte sich Isis um die Teile und konnte nach langen Irrfahrten alle wiederfinden. Sie setzte sie zusammen und warf sich weinend auf den Leib ihres toten Gatten und umarmte ihn als Liebende. Davon wurde sie schwanger und sie galt dieser Umstände wegen als jungfräuliche Mutter. Im Schilfdickicht der Nilsümpfe versteckt, gebar sie ihren Sohn Horos. Herangewachsen, nahm Horos den Kampf gegen Set auf, um den Tod des Vaters zu rächen. Er besiegte Set und erweckte Osiris zu neuem Leben. Als Totengott übt Osiris von da an seine Herrschaft in der Unterwelt aus.

Isis erreichte den Rang der obersten Himmelsgöttin in Ägypten. Ihre Kultbilder zeigen sie als eine mütterliche Gestalt von großer Schönheit, die ihren Sohn Horos als nacktes Kind auf den Knien wiegt oder an ihre Brust nimmt. Als „Mutter Gottes“ wurde Isis verehrt; als „Himmelskönigin“ (regina coeli) rief man sie an im Gebet.

Der Isis-Kult verbreitete sich über die ganze griechische und orientalische Welt. Dann fand ihre Verehrung auch in Rom großen Anklang. Sie eroberte schließlich als allumfassender Inbegriff des Göttlichen das ganze römische Weltreich. An ihre Wertschätzung erinnern bis heute zahlreiche Namen, die mit ihrem Namen gebildet werden. Der bekannteste dürfte „Isidor" sein. Das ist keineswegs ein jüdischer Name, wie vielfach angenommen wird; „Isidor" heißt auf deutsch „Geschenk der Isis"!

Verehrt wurde die schöne Muttergöttin als die menschlichste Erscheinung des Göttlichen, die einen Hauch himmlischen Glücks in jedes Menschenleben tragen konnte.

Horos, der die Ermordung seines Vaters an Set, dem Inbegriff des Bösen, gerächt hatte, wurde zum göttlichen Überwinder des Bösen schlechthin, zum Retter oder „Heiland", wie die Griechen sagten. Die Ägypter verehrten ihn schließlich als Sonnengott.

Dem Osiris-Mythos folgend, wurde an jedem 6. Januar ein aus Papyrus geformter Kopf dem Nil überantwortet und wieder aufgefischt, wo er an Land trieb, um so das Todesschicksal des Osiris kultisch nachzuvollziehen. Festliche Zeremonien weihten das Nilwasser für den kultischen Gebrauch. Im Glauben an die Auferweckung des Osiris zu ewigem Leben, galt durch die nächtliche Kulthandlung das Wasser des Nils als geheiligtes Wasser des Lebens für alle, die es schöpften. Das „Lebenswasser" trugen die Ägypter in Krügen heim und verwahrten es als Schutzmittel gegen vielerlei Übel und Schäden.

Als Ägypter, die mit der Vorstellung von den Segenskräften des Nilwassers aufgewachsen waren, zum Christentum fanden, verbanden sie diese Vorstellungen mit dem, was sie von der Taufe Jesu im Jordan hörten. Sie feierten das Gedenken der Taufe Jesu in dieser, ursprünglich dem Osiris geheiligten Nacht vom 5. zum 6.

Januar. Den Glauben an die Wunderkraft des Nilwassers übertrugen sie auf das vom christlichen Priester geweihte Taufwasser aus dem Nil. Mit der Taufe Jesu im Jordan galten ihnen alle Fluten als geheiligt und mit Geist erfüllt, so daß sie, vom Priester geweiht, als Taufwasser qualifiziert waren. Das Gedächtnis der Taufe Jesu und die Wasserweihe für das in der Kirche zu brauchende Taufwasser gaben der christlichen Feier der Epiphanie ihren festlichen Inhalt.

Im übrigen schöpften die Gläubigen das Nilwasser, wie gewohnt, und bewahrten es in ihren Häusern als wundertätiges Mittel zur Abwehr verschiedener Übel. So war es ihnen aus ihrem Herkommen vertraut, und dabei beließen sie es.

Über die Wasserzeremonien hinaus zeitigte der Osiris-Mythos weitere Konsequenzen, die sich aus der Erscheinung des Sonnengottes Horos ergaben, durch seine Geburt im Verborgenen des Nildeltas. In der Nacht zum 6. Januar gedachte man auch dieser wunderbaren Geburt des göttlichen Kindes aus seiner jungfräulichen Mutter.

Nichts lag den Christen näher, als am 6. Januar statt der vom Mythos erzählten Geburt Horos', des Sonnengottes, nun der Geburt Jesu zu gedenken. So kam es, daß in der Nacht zum 6. Januar nicht nur die Taufe, sondern auch die Geburt Jesu den Inhalt der christlichen Epiphaniefeiern bildete.

Eine dritte, überall umlaufende Wundererzählung blieb schließlich nicht ohne Einfluß auf die Feiern der Christen am 6. Januar. Nachdem es in der Zeit der Spätantike durch griechischen Einfluß in Ägypten zur

Gleichsetzung des ägyptischen Gottes Osiris mit dem griechischen Gott Dionysos gekommen war, wurde auch hier am 6. Januar das Wunder einer Wandlung von Wasser in Wein durch die Kraft des Dionysos verkündet. Damit wurde in den ägyptischen Festinhalten ein Weinwunder mit der Wasserweihe verbunden.

Die Verchristlichung des Epiphaniefestes ergab die Hineinnahme des Weinwunders Jesu auf der Hochzeit zu Kana in die Festinhalte, und so kam es im Laufe des 3. Jahrhunderts dazu, daß alle aufgezählten religiösen Vorstellungen der Spätantike von den Christen übernommen wurden und schließlich von der Kirche in christlichem Gewande Anerkennung fanden.

Zur Feier des Weihnachtsfestes am 25. Dezember kam es erst sehr viel später, erst im 4. Jahrhundert, als das Christentum in den Rang der Staatskirche einrückte, und zwar in Rom. In Ägypten kam es dazu erst im 5. Jahrhundert. In Jerusalem feierte man noch im 6. Jahrhundert Christi Geburt am 6. Januar. Die armenische Kirche wahrt diese älteste Tradition bis heute und feiert Weihnachten noch immer am 6. Januar.

Mit dem Weihnachtstermin setzte sich Rom durch. Hier war man es gewohnt, am 25. Dezember den Geburtstag der„unbesieglichen Sonne“ zu feiern.

Den Sonnengott verehrte man in antiker Zeit unter verschiedenen Namen. „Helios“ hatten ihn die Griechen genannt, als „Sol invictus“ feierten ihn die Römer, schließlich gewann der persische Gott „Mithras“ die Züge des römischen Sonnengottes. Unter diesem Namen verehrten ihn die Soldaten der römischen Legionen. Um die Zeit der Wintersonnenwende feierten sie die Geburt des Mithras. Die Legionäre verehrten den Gott in der Gestalt ihres Kaisers, der mitten in ihrem Lager zeltete. Er verkörperte den die ganze Welt regierenden höchsten Gott.

Auch Kaiser Konstantin war vor seiner Bekehrung als Mithrasgläubiger aufgewachsen und als potenzierte Mithraserscheinung proklamiert worden. Dann aber überkam ihn die Christusvision und damit setzte die weltgeschichtliche Wende ein.

Hatte bereits ein Prophet des Alten Bundes den Aufgang der „Sonne der Gerechtigkeit" geweissagt, so war damit der Kirche ein Anknüpfungspunkt gegeben, um ein Zeichen ihres Triumphes über die antiken Kulte zu setzen: Das Fest der Geburt Jesu als der offenbarten „Sonne der Gerechtigkeit" ersetzte am 25. Dezember die Feiern, die bis dahin in der römischen Welt der Geburt des heidnischen Sonnengottes gewidmet waren. So entstand das Weihnachtsfest. Am 25.12.354 wurde es zum ersten Mal in Rom gefeiert.

Seitdem mußte das Epiphaniasfest eine Zurückstufung hinnehmen. Nur die Geschichte von den Weisen aus dem Morgenland blieb als Rest aus den Weihnachtserzählungen dem Epiphaniastag erhalten. Das war dem Drängen Galliens zuzuschreiben gewesen, wo die Kirche zu großem Einfluß auf die Entwicklung der christlichen Lehre und der gottesdienstlichen Formen gelangte. Erinnert sei an die einflußreiche Wirksamkeit des hl. Martin dort, aber auch an die Einflüsse, die von der römischen Residenzstadt Trier ausgingen, wo Kaiser Konstantin Hof hielt.

Gallien wurde so zum Ausgangsort des Epiphaniasfestes als des „Festes der drei Wunder“: der Erscheinung des Sterns von Bethlehem, dem die Weisen gefolgt waren, als Erscheinung der Gnade für die ganze Welt; der Taufe Jesu im Jordan als der Erscheinung der hl. Dreifaltigkeit auf Erden; schließlich des Weinwunders in Kana als Erscheinung seiner Herrlichkeit.

Damit waren die Weisen aus dem Morgenland, die Magier, in die Festinhalte hineingekommen und das Epiphaniasfest zum „Fest der Magier“ geworden, wie es sich seit der Zeit um 450 nachweisen läßt.

Die einstige Fülle des Festhaltens der „drei Wunder“, wird in den Lesungen und Gebeten der Kirche noch immer erkennbar; zu zentraler Bedeutung aber gelangten bleibend die aus Ägypten übernommenen Kulte der Wasserweihe und die weihnachtliche Erzählung vom Weg der Weisen aus dem Morgenland zum Kind in der Krippe.

Das Dreikönigswasser und die Legende von den Weisen aus dem Morgenland

Paul Gerhardts Lied von dem wundersamen Wasser der Taufe ist ein Zeugnis für den auch bei evangelischen Christen verbreiteten Glauben an die ganz besondere Qualität des Taufwassers. Deutlich wird diese Überzeugung bekundet, wo für die Taufe eines Kindes Taufwasser aus dem Jordan herbeigeschafft wird.

Für Luther stand die Taufe Jesu im Mittelpunkt der Epiphaniasfeiern; er meinte, diese Hauptsache sei

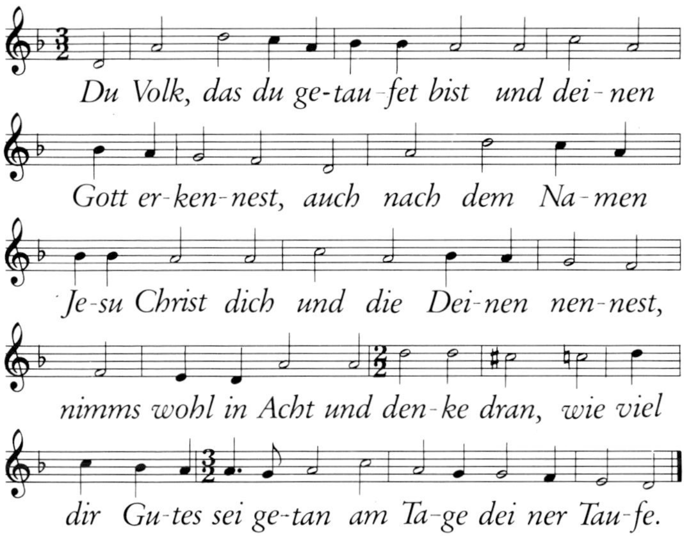

O großes Werk, o heilges Bad,
o Wasser, dessengleichen
man in der ganzen Welt nicht hat,
kein Sinn kann dich erreichen!
Du hast recht eine Wunderkraft,
und die hat der, so alles schafft,
dir durch sein Wort geschenket.

Du bist kein schlechtes Wasser nicht,
wie's unsre Brunnen geben;
was Gott mit seinem Munde spricht,
das hast du in dir leben.
Du bist ein Wasser, das den Geist
des Allerhöchsten in sich schleußt
und seinen großen Namen.

durch das „Geschwätz von der Ankunft der drei Könige" unterdrückt worden. Dennoch wird in der lutherischen Kirche das Epiphaniasfest ausgezeichnet mit einer doppelten Evangelienlesung, die von dem Huldigungszug der Weisen aus dem Morgenland und von der Herabkunft des Geistes auf den Herrn bei seiner Taufe handelt. Das Evangelium von dem Weinwunder bei der Hochzeit zu Kana findet erst später, am 2. Sonntag nach Epiphanias, seinen liturgischen Ort. Es ist also bei den Evangelischen noch alles da; aber es ist nicht mehr alles beisammen, auch haben sich keine Volksbräuche erhalten wie bei den Katholiken, die in ihrer Kirche an Epiphanias noch die ganze Fülle der einstigen Inhalte des Festes vorfinden.

Eine Besonderheit in der katholischen Kirche ist die Segnung des Wassers, das als Weihwasser das ganze Jahr über in den Kirchen und Häusern gebraucht wird. Der Bedarf ist groß, und zahlreich sind die Volksbräuche, die sich der Weihe des „Dreikönigswassers" anschließen, wie das an Epiphanias geweihte Wasser genannt wird.

In Oberbayern bestand bis weit in unser Jahrhundert hinein der Brauch, daß der Priester, in Begleitung eines Ministranten, in den Tagen um Epiphanias alle Höfe seiner Gemeinde aufsuchte, um durch alle Räume in den Häusern, Ställen und Scheunen zu gehen und sie durch das Besprengen mit Weihwasser und mit dem Gebrauch von Weihrauch zu segnen. Daß es überall dafür eine gute Brotzeit gab, weiß heute noch mancher schmunzelnd zu berichten, der als Ministrant damals selber dabei war.

Geändert hat sich weithin nur dies, daß nicht mehr der Priester selbst in die Häuser geht, sondern daß die Hausleute das geweihte Wasser aus der Kirche holen und die Segnungszeremonien selber vornehmen. Wie das im Isarwinkel in Oberbayern geschieht, wird so geschildert:

„So um vier Uhr kommen die Buben des Bauern am Nachmittag vor dem Dreikönigstag von der Weich (Wasserweihe) zurück. Der Domini zieht aus dem Hosensack ein Spanschachterl und gibt's der Mutter, und der Hias stellt sein Flaschl mit Dreikönigswasser hin, das er am Heimweg getragen hat. Bevor die Bäuerin das Schachtele aufhebt, nimmt sie die Kreide heraus, die obenauf liegt. Drei Myrrhna, so bezeichnet sie die Räucherkerzlein, sind auch drin, und darunter ist körniger Weihrauch. Um an Zehnerle haben's die Buben vor dem Kirchgang im Dorf beim Kramer gekauft.

'Wart's wieder recht unpackt (unartig) beim Weichbrunnzuba (Weihwasserkessel)', fragt sie ihre Buben noch. Aber wie der Leonhard erzählt, daß der Meßner söll (dort) gstanden hat, ist sie schon beruhigt; 's is diamal (manchmal) schon recht rauh herganga, wenn die Buben das Dreikönigswasser geschöpft haben!

Nun kommt der Vater herein, und die Mutter fragt: 'Wer soll nachher huit Caspar, Melcher und Balthasar noschreib'n?' Der Bauer bestimmt den Domini dazu –: 'Dersöll hat de scheana Schrift vo' allsamm mitnand!' Ein Hocker wird herbeigeholt, der Domini kriagt an Hadern (Wischlappen) in die Hand, wischt von jeder Tür die alten Buchstaben ab und schreibt's dann neu mit der Jahreszahl dran.

Nach der Stallarbeit und dem Nachtessen räuchert der Hausvater aus. Auf eine Schaufel tut er Ofenglut, Weihrauch kommt dazu und ein Räucherkerzl, ein paar Kräutlein vom Wetterbuschen und Holz vom letzten Osterfeuer. Die Dirn trägt das Licht und die Bäuerin den Weichbrunn. Von der Kuchl geht's in die Stuben, dann in die Kammern und auf d'Letzt in Stall eini. Bei jedana Kuah macht da Baur a weng halt und schwenzt sei Schaufel hin und her. A Vaterunsa werd bet't; was nachha no auf da Schaufel is, werd ins Fuir einig'worfen.

Die alte Bäuerin tappt vom Austragsstüberl in ihre Kammer hinauf. Sie muß an all das denken, was sie von Ahn und Urahn weiß, an wuidn Jaga, an bease Goasta und Trudna, an alls, was in de Rauhnächt a Gwalt hat über Mensch und Viech. Aber der Bauer hat ausgeräuchert nach alter Vätersitte – es hat koa Gfahr net."

Auch im Fränkischen kommt dem Dreikönigswasser bis heute große Bedeutung zu. Ist hier doch die Überzeugung ungebrochen geblieben, daß das in der Epiphaniasnacht geweihte Wasser niemals faul wird. Man könnte es noch bis nach einem Jahr trinken; aber das tut man nicht. Es dient nur noch als Weihwasser und es bleibt in der Kraft des Weihesegens frisch bis zum Dreikönigstag im nächsten Jahr. Daran hält man in den Dörfern in Mittelfranken pietätvoll entschlossen fest!

Am Vorabend des Dreikönigstages wird es in der Kirche geweiht. Dafür stehen mehrere große Behälter in der Kirche bereit; denn es wird viel gebraucht. Als

Abwehrmittel gegen viele Übel und als Heilmittel gegen verschiedene Erkrankungen wird es außerordentlich hoch geschätzt. Zu dem Wasser in den Bottichen und Wannen wird auch die Kreide gelegt zum Anschreiben der Namen der hl. drei Könige. Dazu kommen Weihrauchkörner zum Räuchern der Räume.

Wir veranschaulichen uns die feierlichen Riten, Gebete und Beschwörungen nach dem „Volksrituale", wie es in den katholischen Pfarreien der fränkischen Dörfer gebraucht wird:

Mit der Segnung des Salzes beginnt der Pfarrer seinen Dienst; denn das gesegnete Salz braucht er für die Wasserweihe. Er bittet Gott: Dieses Salz „verleihe allen, die es gebrauchen, geistige und leibliche Gesundheit. Alles, was mit ihm in Berührung kommt oder bestreut wird, bleibe vor Schaden bewahrt."

Der beschwörenden Salzsegnung folgt die Segnung des Wassers mit der Bitte an Gott: „Dieses Wasser, dein Geschöpf, soll bei deinem Heilswirken mitwirken und darum deine göttliche Gnadenkraft aufnehmen, um alles Böse zu vertreiben und Krankheiten abzuwehren. Wenn mit diesem geweihten Wasser die Häuser und Wohnungen der Gläubigen besprengt werden, so seien sie frei von jedem Schaden und Unheil und von jeder Krankheit."

Danach streut der Priester dreimal in Kreuzform das geweihte Salz in das Wasser und betet dabei zu Gott: „in deiner Macht ist es, alle bösen Mächte und Gewalten zu überwinden ... Überall, wo dieses geweihte Wasser benützt wird, vertreibe es alles Böse und stärke die gnädige Gegenwart des Heiligen Geistes."

Nun wird noch der Weihrauch gesegnet mit beschwörenden Formeln, in denen es heißt: „Mögen alle, die diesen Weihrauch gebrauchen, frei bleiben von jedem Leid und von jeder Krankheit des Leibes und der Seele! Keine Not quäle sie, damit sie dir in deiner Kirche mit Freuden dienen."

Zuletzt erfolgt die Segnung der Kreide mit der Bitte, „daß jeder, der diese geweihte Kreide verwendet und an die Türen seines Hauses die Namen der heiligen Könige Kaspar, Melchior und Balthasar schreibt, durch ihre Fürbitte Gesundheit des Leibes und Zufriedenheit der Seele erlange."

Ist der Segnungsakt vorüber, schöpfen die Gläubigen das Wasser, indem sie leere Flaschen und Krüge in die Behälter tauchen und vollaufen lassen. Dabei soll es auch im Fränkischen mitunter recht munter hergehen. Mit gefüllten Flaschen und dem geweihten Räucherwerk und der Kreide ziehen sie heim.

Daheim wird in allen Räumen das Weihwasser zur Segnung gebraucht. Über allen Türen werden die vorjährigen Buchstaben und die Jahreszahl ausgelöscht; neu werden angeschrieben die Anfangsbuchstaben der Namen der hl. drei Könige, mit Kreuzchen versehen und eingerahmt von der neuen Jahreszahl.

Das Räucherwerk wird auf eine Metallschaufel gelegt und angezündet. Damit geht der Hausvater durch alle Räume, überall wird geräuchert und gebetet.

Das „Volksrituale" gibt der „Haussegnung" eine feste Ordnung: „Für die Segnung des Hauses am Dreikönigsfest ... ist es am angemessensten, im Wohnzimmer, wo Christbaum und Krippe stehen, diese Feier zu beginnen und von dort aus in einer kleinen Prozession mit den brennenden Kerzen in den Händen die einzelnen Zimmer betend und segnend abzugehen."

Ausführliche Beschreibungen der Riten und die vollständigen Gebetstexte bietet das „Volksrituale" für die Andacht an der Haustür, in der Küche, im Schlafzimmer der Eltern, im Schlafzimmer der Kinder, im Keller und im Arbeitszimmer. Das abschließende Gebet enthält die Bitte: „Bewahre unser Haus vor Einbrechern und Dieben, wie auch vor Zerstörung durch Feuer!"

Über den Abschluß wird vermerkt: „Die Haussegnung sollte im Wohnzimmer vor der Krippe mit einem Gebet oder einem Weihnachtslied abgeschlossen werden, um dann in einer kleinen Agape noch dieses Festtages zu gedenken."

„Agape" heißt auf deutsch „Liebesmahl"; auf fränkisch dürfte „Brotzeit" der angemessene Ausdruck sein!

Das alles muß vor Mitternacht geschehen; denn zur Mitternacht muß man mit bösen Geistern rechnen, ist doch die Nacht zum 6. Januar die letzte der 12 Rauhnächte, in denen das Wilde Heer und die bösen Geister umgehen! Vor solchem Übel schützt das Dreikönigswasser, wie es mit Gebeten und Räucherwerk gebraucht wird.

Wie das Dreikönigswasser, so wird auch die Dreikönigskreide das ganze Jahr hindurch aufbewahrt; geschabte Kreide, in ein Glas Wein getan, gilt als sicheres Mittel gegen viele Krankheiten!

Das Dreikönigswasser dient in Mittelfranken einer ganz besonderen Aufgabe, wenn es auf die Walburgisnacht zugeht; das ist die Nacht vom 30. April zum 1. Mai. Im weiten Umkreis um das „Walberla", jenem Berg am Eingang zur Fränkischen Schweiz, dessen Höhe eine der hl. Walburga geweihte Kapelle bekrönt, haben Walburgisbräuche noch immer ihre alte große Bedeutung behalten. In der Walburgisnacht treffen sich auf dem Walberla die Druden und Unholden, um von hier aus ihr Unwesen zu treiben. Darum machen sich am Vortag Bauer und Bäuerin auf, um die Felder mit Hilfe des Dreikönigswassers zu schützen. An drei Ekken jeden Ackerstücks wird Dreikönigswasser ausgesprengt und dazu ein Vaterunser gebetet. Die vierte Ekke bleibt frei, damit die bösen Geister einen Ausweg finden, auf dem sie entweichen können. Das ist der Brauch bis heute, wenn auch nicht mehr überall; aber anzutreffen ist er noch immer!

Bis in unsere Zeit reichen die religiösen Vorstellungen und Bräuche an Epiphanias, die ihren Ausgang vor Jahrtausenden bereits bei den Osiris-Mythen der alten Ägypter und ihren Wasserzeremonien am 6. Januar am Nil genommen haben! –

Im abendländischen Bereich der Christenheit geben die Bezeichnung „Dreikönigswasser" und die Verwendung der Anfangsbuchstaben der drei heiligen Könige bei dem Gebrauch dieses Wassers den Hinweis auf die christliche Legende von den Weisen aus dem Morgenland, die die alten Wassermythen bis auf die geschilderten Reste verdrängen konnte.

Im Unterschied zu vielen anderen Legenden, die den Festinhalt und viele Bräuche der Weihnachtszeit ge-

Von deinem Reich auch zeugen
die Leut aus Morgenland;
die Knie sie vor dir beugen,
weil du ihn' bist bekannt.
Der neu Stern auf dich weiset,
dazu das göttlich Wort.
Drum man dich billig preiset,
daß du bist unser Hort.

Du wollst in mir entzünden
dein Wort, den schönen Stern,
daß falsche Lehr und Sünden
sei'n meinem Herzen fern.
Hilf, daß ich dich erkenne
und mit der Christenheit
dich meinen König nenne
jetzt und in Ewigkeit.

prägt haben, stammt die Legende von den Weisen aus dem Morgenland, die als drei heilige Könige in die Frömmigkeitsgeschichte einzogen, direkt aus der Bibel. Der Evangelist Matthäus teilt sie im 2. Kapitel seines Buches mit:

Als Jesus geboren war zu Bethlehem im jüdischen Land, zur Zeit des Königs Herodes, siehe, da kamen Weise vom Morgenland nach Jerusalem und fragten: „Wo ist der neugeborene König der Juden? Wir haben seinen Stern aufgehen sehen und sind gekommen, ihn anzubeten!" Als der König Herodes das hörte, erschrak er und ganz Jerusalem mit ihm. Er versammelte alle Hohenpriester und Schriftgelehrten des Volkes um sich und erkundigte sich bei ihnen, wo der Messias geboren werden solle. Sie antworteten: „Zu Bethlehem in Judäa; denn das steht so bei dem Propheten (Micha) geschrieben ..." Da befragte Herodes die Weisen, wann ihnen der Stern erschienen sei, und schickte sie nach Bethlehem. Er sagte: „Geht hin und erkundet genau, wie es sich mit dem Kinde verhält! Wenn ihr es gefunden habt, so meldet es mir, damit ich auch hingehe und ihm huldige!" Auf dieses Wort des Königs hin machten sie sich auf den Weg. Und siehe, der Stern, den sie im Morgenland gesehen hatten, zog ihnen voran, bis er hoch über dem Ort, an dem das Kind war, stehen blieb. Als sie den Stern sahen, wurden sie hoch erfreut und sie traten in das Haus ein und sahen das Kind mit Maria, seiner Mutter, warfen sich zu Boden und huldigten ihm. Dann taten sie ihre Schatztruhen auf und brachten ihm Gaben dar: Gold, Weihrauch und Myrrhe. Und da sie im Traum die Weisung empfingen, nicht zu Herodes zurückzukehren, zogen sie auf einem anderen Weg in ihr Land zurück.

Bevor wir uns der Frage zuwenden, wie aus den orientalischen Magiern – so lautet ihre Bezeichnung im Urtext der Bibel – drei heilige Könige wurden, sei zum Inhalt der Legende festgehalten:

Eine ungewöhnliche Erscheinung am Sternenhimmel setzte das Signal für ein in kosmische Dimensionen reichendes Ereignis. Das galt zu jener Zeit nicht als ungewöhnlich. Babylonische Astrologen haben, wie hinreichend bezeugt ist, damit gerechnet, daß im Westen ein großer König auftreten werde, der den Weltfrieden bringt. Daß bei seiner Geburt sein Stern aufleuchten werde, galt als sicher. Es gab Beispiele für die Überzeugung von solchen Zusammenhängen, wie dieses: In der Nacht, in der der Tempel zu Ephesus abbrannte, sahen orientalische Magier eine ungewöhnliche Erscheinung am Himmel, die ihnen Anlaß zu Prophezeiungen gab, und in der Tat: Das war die Nacht, in der Alexander der Große geboren wurde!

Daß ein Stern zum Wegweiser werden könne, war ebenfalls ein geläufiger Gedanke. Ein Stern leuchtete dem Äneas auf seinem Zuge voran und hörte zu leuchten erst auf, als Äneas sein Ziel erreicht hatte. So berichtet Vergil, und daran zweifelte niemand.

Die Christen deuteten ungewöhnliche Erscheinungen am gestirnten Himmel nicht anders, als es damals allgemein so geschah. Es war klar, daß der Stern von Bethlehem ein Zeichen setzte, das die der Astrologie Kundigen zu deuten wußten.

Von den Männern, die sich dazu in der Lage gezeigt hatten und dem Stern bis nach Bethlehem gefolgt waren, wird nicht gesagt, daß es drei an der Zahl gewesen wären. Ebenso ist keine Rede davon, daß es sich um Könige gehandelt habe. Von Magiern aus dem Morgenland, aus dem Osten, ist die Rede, ohne jede nähere Angabe.

Magie und Astrologie sind aus den Ländern um Euphrat und Tigris in den Westen gelangt. Aus dem babylonischen Gestirndienst sind solche Magier bekannt, die als Gelehrte immer auch dem Priesterstande zugehörten. In der antiken Literatur wird mehrfach berichtet, wie Magier aus dem Bereich des alten Iran den Göttern Opfer darbrachten und daß sie auf Grund von Gestirnkonstellationen Weissagungen trieben. An solche Priester und Gelehrte jener Zeit könnte der Verfasser unserer Legende gedacht haben; aber gewiß nicht an Könige, sonst hätte ihre Begegnung mit König Herodes ein ganz anderes Zeremoniell zur Entfaltung gebracht.

Er dürfte in der Zeit nach dem Jahre 70, als das Matthäus-Evangelium verfaßt wurde, auch die Erinnerung an ein anderes Ereignis damit verbunden haben, das die Gemüter um das Jahr 66 heftig bewegt hatte und noch nicht vergessen war: Eine glänzende Gesandtschaft der Parther war durch die Länder des Ostens von Armenien nach Rom gezogen, um dem Kaiser Nero zu huldigen. In seiner Ansprache hatte der König der Parther, Tiridates, zum Kaiser gesagt: „Ich bin zu dir gekommen, um dir zu huldigen als meinem Gott, wie dem Mithras“! Die Gesandtschaft zog auf einem anderen Weg wieder in ihr Land zurück als dem, auf dem sie gekommen war. Die Ähnlichkeit mit der biblischen Legende drängt sich besonders auch dadurch auf, daß Plinius in einem Bericht darüber den parthischen König den „Magier Tiridates" nannte und von den „Magiern" seines Gefolges sprach.

Über die Geschenke – „Gold, Weihrauch und Myrrhe" – ist viel gerätselt worden. Hilfreich könnte die Entdeckung sein, daß auf spätantiken Bildwerken Abordnungen unterworfener Barbaren gezeigt werden, die vor dem siegreichen Feldherren und Kaiser niederfallen und ihm Gold als Geschenk darbringen. Dies Goldgeschenk besteht nicht aus einem Münzschatz, sondern aus goldenen Kränzen. Dasselbe Bild begegnet auch in frühen Darstellungen der Weisen aus dem Morgenland, die den Kranz, die „Corona", darbringen.

Die biblische Legende von den Magiern bleibt mit allen Einzelzügen in der Vorstellungswelt der Spätantike, so daß sie zu ihrer Zeit unschwer begierig aufgenommen werden konnte.

Die neuzeitliche Astronomie hat seit Kepler versucht, den Bericht vom Stern von Bethlehem in den Dienst der Datierung jener Ereignisse zu stellen, um so auch Gewißheit über den Termin der Geburt Jesu zu erhalten.

Es wurde errechnet, daß im Frühjahr des Jahres 7 „vor Christi Geburt" – damit nichts durcheinander gerät, sagen wir jetzt besser: „vor Beginn unserer Zeitrechnung" – eine Konjunktion der Planeten Jupiter und Saturn stattgefunden habe, d.h. die Sternbilder beider

Planeten rückten für das Auge des Betrachters so nahe zusammen, daß sich eine ungewöhnliche Erscheinung am Himmel daraus ergab. Das begann am 29. Mai des Jahres 7, wiederholte sich am 5. Oktober und ereignete sich Anfang Dezember des Jahres 7 zum dritten Mal. Wenn in diesen Monaten der Aufbruch und die Reise der Magier erfolgt sein sollte, dann könnten sie bis zum 6. Januar des Jahres 6 ihr Ziel erreicht haben, – und die Geburt Jesu müßte um ca. sechs Jahre zurückdatiert werden! Eigentümlicherweise werden solche Überlegungen noch gestützt durch das Todesjahr des Königs Herodes: Er starb im Jahre 4 „vor Beginn unserer Zeitrechnung"!

Phantasievollen Spekulationen sind kaum Grenzen gesetzt, wenn dazu noch bedacht wird, daß der Planet Jupiter dem höchsten Gott der Babylonier zugeordnet war, während Saturn der Planet war, der nach babylonischer Auffassung das Schicksal der Juden bestimmte!

Nun ist aber die biblische Geschichte von den Magiern und ihrem Stern eine Legende, die historisch gesicherte Fakten weder setzen will, noch kann. Sie will mit Bildern und Begriffen ihrer Zeit eine überzeitliche Wahrheit verkündigen. Wenn sie dafür die Astrologie in Anspruch nimmt, so bewegt sie sich in den Bahnen des zu jener Zeit Üblichen.

Wie aus Magiern drei heilige Könige wurden

Die Anzahl der Magier blieb in der alten Kirche zunächst ganz unbestimmt; es waren eben mehrere, und

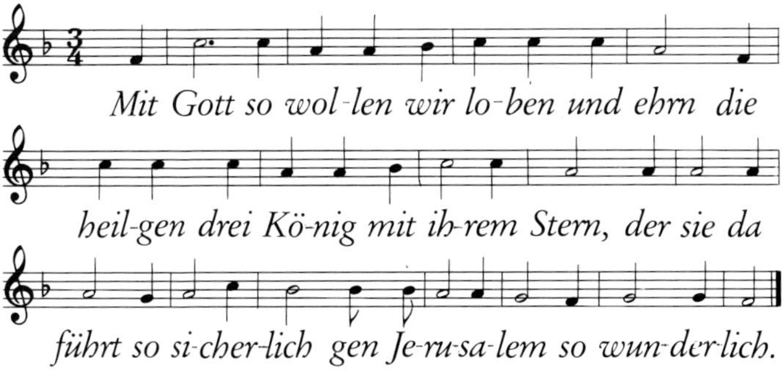

Sie kamen daher mit großer Macht,
sie kamen zu Herodes bei finstrer Nacht.
Herodes fragt die König so frei:
„Sind euer denn zwei oder seid ihr drei?"

Herr Kaspar ihm die Antwort gab:
„Wir ziehen zu dreien den Berg herab."
Herodes sprach aus reinem Trotz:
„Wie ist der Dritt' von euch so schwarz?"

Er ist uns nicht gar unbekannt,
er ist wohl aus dem Mohrenland.
Herodes sprach weiter: „Wo wollt ihr hin,
oder wo steht hin doch euer Sinn?"

„Wir suchen den Herren Jesus Christ;
der uns zum Heil geboren ist."
Und da sprach Herodes zu ihnen alsbald:
„Kommt wieder her und zieht nicht fort."

Da zogen die drei gen Bethlehem ein,
sie fanden das Kindlein im Krippelein.
Sie brachten dem Herrn gar reichen Sold,
gut Weihrauch, Myrrhen und rotes Gold.

bis zur Zahl sechs gelangten manche Interpreten. Die syrische Kirche redete sogar von 12 Magiern und fand dafür ihre Begründung in der biblischen Überlieferung von den 12 Stämmen Israels, die das ganze Volk repräsentierten, und von den 12 Aposteln, die die ganze Kirche repräsentierten. Sie wollten zum Ausdruck bringen, daß mit den 12 Magiern die Repräsentanten der gesamten Menschheit vor dem Gotteskind erschienen seien.

Auf Grund der in der Legende genannten drei Geschenke – Gold, Weihrauch und Myrrhe – lag der Gedanke an drei Gabenbringer am nächsten. Für die Dreizahl finden sich frühe Bestätigungen schon in der Katakombenmalerei. Bereits für die erste Hälfte des 2. Jahrhunderts (die Datierung ist allerdings umstritten) bezeugt ein Bild in der Priscilla-Katakombe in Rom diese Zahl: Drei Gaben spendende Magier hat der Maler dargestellt.

In der abendländischen Literatur gehört die Dreizahl seit dem 5. Jahrhundert zur festen Tradition, und dabei ist das Abendland in der weiteren Entwicklung der Legende geblieben. Als Repräsentanten der gesamten Menschheit wollte auch die abendländische Kirche die Magier ansehen. Mit der Zahl drei erinnerte sie an Noah, der seit der Sintflut als der zweite Stammvater der Menschheit zu gelten hat. Noah hatte drei Söhne: Sem, Ham und Japhet. Aus diesen dreien verzweigte sich die gesamte Bevölkerung der Erde; Noahs Söhne wurden die Stammväter der semitischen, der afrikanischen und der indogermanischen Völker. Damit waren die Magier als Repräsentanten der Menschheit zu den

Vertretern der drei damals bekannten Erdteile erhoben: Asien, Afrika, Europa.

Und darum trägt einer der drei Weisen negroide Züge und die dunkle Hautfarbe! Doch darauf kam man erst später, erst im 12. Jahrhundert, als die Repräsentanz der drei Erdteile durch die drei Magier literarisch bekundet wurde.

Noch sehr lange blieb man in der abendländischen Überlieferung der Meinung, die Männer seien Magier gewesen. Das wird durch viele Zeugnisse aus der christlichen Kunst belegt.

Auf römischen Darstellungen erschienen die Magier in einer besonderen Tracht aus dem altiranisch-persischen Raum. Sie tragen die phrygische Mütze, die über der Stirn erhöht ist, einen kurzen, geschürzten Rock, lange, enge Beinkleider und Schuhe. Vor der Brust wird ein Mantel wie ein Umhang zusammengehalten. Bei eilig ausholenden Schritten weht der Mantel weit nach hinten.

Das ist die Tracht, in der auf den zeitgenössischen Kultbildern der Gott Mithras dargestellt wird. Auf der als Bild, Relief oder Skulptur mehrfach erhaltenen Darstellung, wie Mithras den auf den Hinterbeinen bereits zu Boden gesunkenen Stier von rückwärts bei den Hörnern packt, um ihm mit dem Opfermesser den Todesstoß in den Hals zu versetzen, trägt der Gott die phrygische Mütze, die Beinkleider und den nach hinten wallenden Mantel.

Auch die Mithraspriester wurden als solche durch eben diese Tracht kenntlich gemacht. So kannte man sie in spätantiker Zeit im ganzen Römischen Reich. Kein

Zweifel: Als gelehrte Mithraspriester verstand man diese Astrologen, die Magier aus dem Osten, die gekommen waren, um das Gotteskind anzubeten.

Als das Christentum am Ende des 4. Jahrhunderts Staatsreligion geworden war, änderte sich daran nichts, doch übernahmen die Künstler für ihre Bildmotive den Pomp des byzantinischen Hofzeremoniells für die feierliche Audienz, die das Gotteskind der fremdländischen Gesandtschaft gewährt. Die früheste Darstellung dieser Art findet sich am Triumphbogen der Kirche Santa Maria Maggiore in Rom, aus der Zeit vor 440. Die zweite ist in Ravenna zu sehen, allerdings in einer späteren Restaurierung. Dies interessante Mosaik aus dem 6. Jahrhundert in San Apollinare Nuovo zeigt in prächtiger Ausstattung und Farbgebung die drei Gestalten der Magier noch immer als Mithraspriester. Das Goldopfer trägt der erste in der Form einer Corona, eines goldenen Kranzes, in den Händen. So lebten die antiken Vorstellungen über das Huldigungszeremoniell noch immer weiter.

Wohl als Ergebnis der späteren Restaurierungsarbeiten verzeichnet das Mosaik die Namen der drei Weisen, die literarisch erst seit dem 12. Jahrhundert allgemein genannt werden, aber noch nicht in einer festgelegten Reihenfolge, wie später. Die älteste Beschreibung unter Nennung der Namen stammt aus dem 12. Jahrhundert. Als habe das Mosaik in Ravenna dafür das Modell geliefert, heißt es hier in deutscher Übersetzung:

„Magier sind es, welche Geschenke dem Herrn gegeben haben. Der erste soll Melchior gewesen sein, ein Greis mit grauem Haar und langem weißen Bart, in

Die drei Magier, in der Kleidung der Mithraspriester dargestellt. Mosaik aus dem 6. Jahrhundert in San Apollinare Nuovo in Ravenna.

purpurroter Tunika und kurzem grünen Mantel und mit purpurrotem, weiß durchwirktem Schuhwerk, mit einer Mithrasmütze in bunt verschlungenen Farben bedeckt. Gold brachte er dem Herrn als König. Der zweite mit Namen Caspar, ein bartloser Jüngling von frischer Gesichtsfarbe, mit grünlicher Tunika, mit rotem, kurzen Mantel und mit purpurrotem Schuhwerk bekleidet, ehrte Christus mit dem Weihrauch, der ihm als Gott gebührenden Gabe. Der dritte, gebräunt, mit dunklem Haar und vollbärtig, Balthasar mit Namen, trug eine rote Tunika, mit einem weißlichen kurzen Mantel, und war mit grünlichem Schuhwerk bekleidet: durch die Myrrhe legte er das Bekenntnis von dem künftigen Tod des Menschensohnes ab. Alle Gewänder aber waren aus Seide."

In dieser alten Beschreibung kommen bereits symbolische Deutungen mehrfacher Art vor:

Jesus wird mit den Gaben angesprochen als König, dem Gold gebührt wie den Caesaren, als Gott, dem Weihrauch im Opferkult dargebracht wird, und als wahrer Mensch, der dem Tod entgegengehen muß und mit Myrrhe versorgt wird, dem Mittel zum Einbalsamieren der Leichen.

Auch die drei Magier gewinnen über ihre Bedeutung als Repräsentanten der Erdteile hinaus eine weitere Sinndeutung: Der erste ist ein Greis mit weißem Haar und Bart. Der zweite tritt als bartloser Jüngling in Erscheinung, dem Kindesalter noch sehr nahe. Der dritte repräsentiert das Mannesalter mit gebräunter Haut und dunkler Haarfarbe. Damit wird der Anspruch auf Universalität der Christusverehrung zum Verkündigungsgehalt der Legende: Die gesamte Menschheit aller Erdteile und die Gesamtheit aller Altersstufen, vom Kind bis zum Greis, huldigt dem Kind im Schoße der Gottesmutter.

Es ist ein Kultbild, vor dem die Magier zu Boden sinken und dem sie ihre Schätze opfern. Das wird in den Mosaiken in Ravenna unterstrichen: Hier entspricht auch die Darstellung der Madonna mit dem Kind dem byzantinischen Hofzeremoniell. Beide ziert ein Nimbus, der im Stall von Bethlehem unvorstellbar wäre, sinnvoll aber auf einem Altarbild wird. Maria sitzt auf einem Thron und wird auf beiden Seiten mit ihrem Kind von je zwei großen, aufrecht stehenden Engelsgestalten flankiert.

Die Ärmlichkeit von Stall und Krippe, Heu und Stroh und schlichtem Hirtenvolk fehlt völlig. Auch für Josef gibt es auf diesem Kultbild keinen Platz, wie er ja auch beim Evangelisten Matthäus ungenannt bleibt. Das Hofzeremoniell gilt allein der Gottesmutter mit ihrem Sohn.

Vom 10. Jahrhundert an erscheinen die Magier als Könige! Bis zu dieser Zeit im hohen Mittelalter gab es keine Erinnerung mehr an den Mithrasdienst, an Magier und Astrologen ferner Zeiten und Kulturen. Die Vorstellungswelt war nun längst von biblischen Bildern geprägt worden. Das war vorzugsweise durch die Liturgie der Kirche geschehen; sie bewirkte mit ihren Texten an Epiphanias, daß im Verständnis der Gemeinden aus den Magiern drei heilige Könige wurden.

Auf die Gestaltung der Liturgie hatten Väter der Kirche Einfluß gewonnen, die zu dieser Interpretation der

Magier schon länger gekommen waren. Mit der Liturgie gaben sie sie weiter an das Volk. Mit ihrer lebendigen Dramatik, in der sich Zelebranten, Assistenten und der Chor die biblischen Texte zusangen, einander und der hörenden Gemeinde zuriefen, interpretierte die Liturgie zugleich die Legende von den Magiern als eine Geschichte von drei heiligen Königen.

Hier sei das Wichtigste davon herausgestellt, wie es bis heute noch geübt wird:

Zum Einzug des Klerus ertönt der Introitus aus Psalm 72: „Gott, gib dein Gericht dem König und deine Gerechtigkeit des Königs Sohn", umrahmt von der Antiphon: „Siehe, nun kommt der Herr, der Herrscher, und in seiner Hand ist das Reich und die Kraft und die Herrlichkeit".

In der Epistel-Lesung aus Jesaja 60 wird die Verheißung hörbar: „Die Völker werden in deinem Lichte wandeln und die Könige im Glanz, der über dir aufgeht ... Sie werden aus Saba alle kommen, Gold und Weihrauch bringen und des Herrn Lob verkündigen".

Der Gradualvers aus dem 72. Psalm versichert: „Alle Könige werden ihn anbeten, alle Völker werden ihm dienen".

Wenn für die gläubigen Hörer des Evangeliums von den Weisen aus dem Morgenland, das nun gelesen wird, der Gedanke bis jetzt noch nicht Platz gegriffen haben sollte, daß sich in der Ankunft dieser Magier die Verheißung von der Ankunft der Könige erfüllt habe, dann wird das spätestens unter dem Offertorium geschehen: „Die Könige von Tharsis und den Inseln werden Geschenke geben; die Könige aus Arabien und Sa-

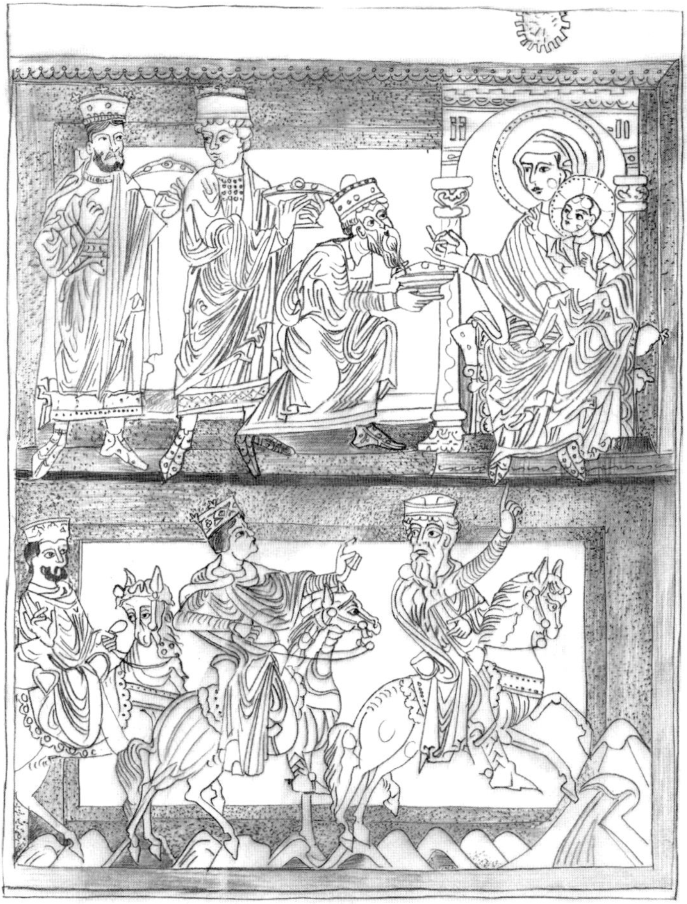

Die hl. drei Könige, in der Kleidung von Recken der Minnesängerzeit dargestellt. Bruchsaler Handschrift, um 1210.

ba werden Gaben darbringen. Alle Könige werden ihm huldigen, alle Völker ihm dienen“ (Ps. 72,10).

Mit den Magiern hatte sich dies alles erfüllt! Sie waren die verheißenen Könige! Das legte die Liturgie zum Verständnis der Legende nahe.

Die älteste Darstellung des einen als Mohrenkönig stammt von einem unbekannten deutschen Maler des 15. Jahrhunderts. Sein Altarbild der heiligen drei Könige befindet sich in Utrecht. Es ist der jüngste unter den dreien, der mit negroiden Zügen und dunkler Hautfarbe dargestellt wird. Der Mohrenkönig hat seitdem als Repräsentant des schwarzen Erdteils Afrika seinen Platz in der Gruppe der heiligen drei Könige behalten.

Nachdem die Magier zu legendären Königen aufgestiegen waren, wurde ihr Aufzug durch die wuchernden Legenden und die künstlerischen Eingebungen der Maler bis zur Dürerzeit immer üppiger entfaltet. Zu den drei Königen trat das königliche Gefolge, Dienerschaft, Pferde und Kamele. Den Abschluß dieser Darstellungsart erreichte Stephan Lochner mit seinem Kölner Dombild. In staunenswerter Pracht und großer Zahl der Gestalten umgibt das segnende Jesuskind und seine Mutter das mit Fahnen und Schwertern ausgerüstete Gefolge der Könige, die selber in ihren Herrscherornaten den zu ihrer Zeit möglich gewesenen Glanz entfalten.

Den unvergleichbaren Höhepunkt in der Entwicklung der Legende bildete die Entdeckung der Reliquien dieser drei doch nur in der Legende existenten Gestalten. Dies sind die historischen Fakten:

Im Jahre 1158 erschien das Heer des Kaisers Friedrich Barbarossa vor Mailand. Zur besseren Verteidigung ihrer Stadt ebneten die Mailänder ihre Vorstädte ein. Dabei entdeckten sie in der Kirche des hl. Eustorgius drei Särge und hörten, daß sich in diesen Särgen die Gebeine der hl. drei Könige befänden, die Bischof Eustorgius I. von Konstantinopel herüber gebracht habe. Eustorgius, ein Grieche, war 331 als Bischof von Mailand gestorben. Die Mailänder bargen die Särge aus dem zu erwartenden Gefechtsfeld und brachten sie in eine ihrer Stadtkirchen.

Die Kämpfe fanden 1162 ihr Ende. Mit der Stadt fielen die Dreikönigs-Reliquien in die Hände Barbarossas. Der Kaiser schenkte sie seinem getreuen Kanzler, dem Erzbischof von Köln, Reinald von Dassel für treue Waffendienste. Der Erzbischof überführte sie in seine Diözese. Am 23. Juli 1164 trafen die Reliquien in Köln ein; am Tag darauf erfolgte ihr festlicher Einzug in den Dom unter größter Beteiligung des Volkes. Seitdem befinden sich die Reliquien der heiligen drei Könige in Köln.

Alles andere, insbesondere die Erzählungen von der Auffindung der Reliquien durch die Kaiserin Helena und die von ihr veranlaßte Aufbewahrung in der Hagia Sophia in Konstantinopel, sind nichts als Fabeln, legendäre Wucherungen der Legende von den drei heiligen Königen.

Der Ruhm der Stadt Köln aber wuchs durch den Reliquienschatz erheblich. Pilgerscharen kamen und legten reiche Geschenke nieder. Handel und Wandel erlebten in Köln eine neue Blüte, und die Bürgerschaft führt mit Stolz bis heute die drei Kronen der heiligen drei Könige in ihrem Stadtwappen.

Schließlich wurde der kostbare Schrein gefertigt, der die berühmten Reliquien birgt.

Der Dreikönigsschrein im Dom zu Köln wurde zum Ausgang weiterer Fabeln. Er regte die künstlerische Bewältigung des Themas an, seine Gestaltung im darstellenden Spiel und eine Vielzahl religiöser Bräuche. Der Name „Dreikönigs-Tag" zur Bezeichnung des Epiphaniasfestes läßt sich erst seit der zweiten Hälfte des 14. Jahrhunderts nachweisen.

Die Dreikönigslegende als Motiv frommer Bräuche

Drei Kön'ge wandern aus Morgenland;
Ein Sternlein führt sie zum Jordanstrand.
In Juda fragen und forschen die drei,
Wo der neugeborene König sei.
Sie wollen Weihrauch, Myrrhen und Gold
Dem Kinde spenden zum Opfersold.

Und hell erglänzet des Sternes Schein;
Zum Stalle gehen die Kön'ge ein;
Das Knäblein schauen sie wonniglich,
Anbetend neigen die Könige sich.
Sie bringen Weihrauch, Myrrhen und Gold
Zum Opfer dar dem Knäblein hold.

O Menschenkind, halt treulich Schritt!
Die Kön'ge wandern, o wandre mit!

Traumvision der hl. drei Könige. Relief eines Säulenkapitells aus dem 12. Jahrhundert in Autun, Cathedrale Saint-Lazare.

Der Stern der Liebe, der Gnade Stern
Erhelle dein Ziel, so suchst du den Herrn.
Und fehlen Weihrauch, Myrrhen und Gold,
Schenke dein Herz dem Knäblein hold!
Schenk ihm dein Herz! (Peter Cornelius)

Als sich die Geschichte von den Magiern zur Dreikönigslegende entwickelt hatte, erwies sie ihre dynamische Kraft. Handlungsabläufe ergaben der Stern, im Mittelalter auch als Sternengel dargestellt, der zum Wegweiser wurde; dann die Könige, die aus drei verschiedenen Himmelsrichtungen einander im heiligen Land begegneten, alle auf der Suche nach dem König des ewigen Heils mit ihrem ganzen Gefolge in orientalischer Pracht; ihre Träume schließlich und ihre Widerfahrnisse auf Grund der Träume, – wahrhaftig –: ein Motiv aus der Märchenwelt, aus Tausendundeiner Nacht!

In der Kathedrale von Autun, 1178 vollendet, zeigt ein Relief an einem der Säulenkapitelle die drei schlafenden Könige unter einer runden Decke, den Stern über ihnen und einen Engel an ihrer Seite, der ihnen im Traum die Wegweisung erteilt. Das Märchenmotiv wurde selten eindrucksvoller gestaltet als in diesem Kapitell des 12. Jahrhunderts in Burgund.

So bunt, so voller Sehnsucht und Leben, voll Angst und Glaube und in großer Hingabe an ein Ziel mündet die Botschaft der Legende in einen Aufruf ein, der immer gültig bleibt, wie im Liede von Peter Cornelius: „O Menschenkind, halt treulich Schritt! Drei Könige wandern, – o wandere mit!“

Es nimmt nicht wunder, daß die Geschichte zum darstellenden Spiel reizte. Die Anregung dazu empfing das Volk von der Kirche und dem bewegten Handeln ihrer Liturgie.

Aus der Dreikönigsliturgie entwickelte die Kirche das Dreikönigsspiel. In Frankreich liegen die Anfänge. Hier kamen die Spiele gegen Ende des 11. Jahrhunderts auf. Ein frühes Beispiel ist aus dem Rituale von Rouen erhalten:

Unter dem Gesang des Chores: „Die Könige von Tharsis und den Inseln werden Geschenke darbringen“, schreiten drei Kleriker höheren Ranges aus verschiedenen Teilen der Kirche gemessenen Schrittes auf den Mittelgang zu. Sie sind mit der Cappa bekleidet, das ist der lange seidene Chormantel, und jeder trägt eine goldenen Krone auf dem Haupt. Begleitet werden sie von ihren Dienern, drei ebenfalls festlich mit der Tunika und einem Überwurf gekleideten Klerikern, die die Geschenke tragen. Von der Decke hängt an einer langen Schnur ein Stern. Der erste König, der auf dem Mittelgang ankommt, deutet mit seinem Stab nach dem Stern. Was er lateinisch, wie alle anderen Texte auch, spricht, lautet auf deutsch: „Der Stern schimmert in hellem Glanz,“ aus dem Seitengang von rechts kommt der zweite König und fügt hinzu: „der die Geburt des Königs der Könige anzeigt,“ und der dritte, der von links herzutritt, schließt: „dessen Kommen einst die Weissagungen angezeigt hatten.“

Dann treffen die drei Könige zusammen, küssen sich und singen: „Laßt uns also gehen und ihn suchen und ihm Gold, Weihrauch und Myrrhen darbringen.“

Nun beginnt die Prozession der drei mit ihrem Gefolge im Mittelgang des Kirchenschiffes auf den Altar zu. Jetzt wird ein Kronleuchter angezündet, und die Könige singen dazu: „Siehe, der Stern, der im Morgenlande erschien, geht leuchtend vor uns her!" Zwei Priester, bekleidet mit der Dalmatik, dem langen weißen Obergewand mit Ärmeln, erwarten sie rechts und links neben dem Altar. Sie eröffnen mit den sich nähernden Königen einen Dialog und fragen nach ihren Namen. Die Antwort der Könige lautet: „Wir sind es, die ihr seht, die Könige von Tharsis, Arabien und Saba, die Gaben tragen für Christus, den König, der geboren ist, zu dem der Stern uns führte; wir sind gekommen, ihn anzubeten." Daraufhin treten die beiden Priester von beiden Seiten des Altares zur Mitte vor. Sie öffnen einen Vorhang, hinter dem sich die dort aufgestellte Krippe verbarg, und wenden sich an die Könige mit den Worten: „Siehe, da ist das Kind, das ihr sucht; es ist der Erlöser der Welt!"

Bei diesen Worten fallen die Könige auf die Knie und begrüßen das Kind: „Sei gegrüßt, du Fürst der Ewigkeiten!". Dann nehmen sie die Gaben von ihren Dienern und opfern sie nacheinander: „Nimm hin, o König, das Gold" – „Nimm hin den Weihrauch, du wahrer Gott" – „Nimm hin die Myrrhe als Zeichen des bitteren Leidens und Sterbens."

Jetzt schließt sich die Gemeinde der Opferung an; alle treten zur Krippe und legen ihre Gaben hin. Währenddessen liegen die drei Könige auf dem Boden im Gebet.

Ist der Opfergang der Gemeinde beendet, so tritt ein Knabe, gleichsam als ein Engel eingehüllt in das weiße

Gewand der Alba, auf die Kanzel. Den Königen, die nun wie aus einem tiefen Schlaf erwachen und sich erheben, singt der Knabe von der Kanzel zu: „Erfüllt ist alles, was die Propheten geweissagt haben", und er weist ihnen einen anderen Weg als den sie gekommen waren, damit sie nicht wieder dem König Herodes begegnen. Die Könige gehen durch das Seitenschiff aus der Kirche und treten durch die linke Tür in den Chor. Dabei singt der Chor das Responsorium „Dreifach sind die Gaben" und beendet damit das Spiel. Mit einem festlichen Kyrie-Gesang beginnt nun die Messe, an der die drei Könige im Chor teilnehmen.

Diese Feier galt als so bedeutend und war so beliebt, daß die Fürsten in Frankreich und in Burgund im Ornat des Herrschers daran teilnahmen. Auch dafür war eine festliche Form entwickelt worden: Sowohl der König von Frankreich als auch der Herzog von Burgund schritten bis zum Portal ihrer Kirche; vor ihnen her zogen jeweils drei Kämmerer dieser Fürsten, die die Opfergaben ihrer Herren trugen und sie vor der Kirche niederlegten, worauf sie von Priestern am Portal empfangen und in das Gotteshaus zu den ihnen vorbehaltenen Plätzen geleitet wurden.

Das Dreikönigsspiel wie dies von Rouen wurde bald in vielen Kirchen aufgeführt und im Laufe der Zeit stark ausgebaut. Herodes trat auf, ergreifende Klagelieder über die gemordeten Kinder wurden angestimmt. Lange Zeit blieb man dem strengen liturgischen Stil verbunden und rezitierte liturgische und biblische Texte, selbstverständlich in der lateinischen Sprache der Liturgie.

Seit dem 14. Jahrhundert sind deutschsprachige Schauspiele bezeugt, Weihnachtsspiele und Dreikönigsspiele, die sich zum außerkirchlichen Schauspiel entwickelten.

Die Aufführungen fanden auf öffentlichen Plätzen statt, vor der Kirche oder vor dem Rathaus. Das Gefolge der drei Könige wuchs an. Reisige wurden aufgeboten, bewaffnete Stadtknechte, Reiter, Stadtpfeifer und Musikanten; die Zünfte beteiligten sich und schwenkten ein. Das Spiel wurde zum Zeichen des erwachten Selbstbewußtseins städtischen Bürgertums.

Hier ein Beispiel aus Freiburg in der Schweiz, das für den Anfang des 15. Jahrhunderts urkundlich belegt ist:

Die Bürgerschaft wählte einige Wochen vor dem 6. Januar die drei Könige aus. Jeder erhält sein Gefolge von hundertundfünfzig Mann unter der Führung eines Centurio. Am Epiphaniastag sammeln sich die Kohorten vor dem Haus ihres Hauptmannes und ziehen von da mit Musik nach dem Palast des Herodes. Der Centurio voran, zu Fuß mit der Lanze, der Schildknappe hinter ihm, zuletzt Standartenträger zu Pferd. Herodes gibt seinen Auftrag. Es folgt die Prozession nach der Kirche Sankt Nikolaus. Hier geht es hin zum Kultbild der thronenden Madonna.

Das Kölner Dombild von Stephan Lochner dürfte reale Informationen über solche Aufzüge vermitteln! Daß unter diesen Umständen der Inhalt der Legende stark ausgeweitet wurde, entsprach durchaus den Bedürfnissen – nicht nur nach religiöser Erbauung, sondern auch nach Unterhaltung. So trat denn auch der Schalk auf, eine lustige Person; er verspottete Herodes als Schwächling, dem der kleine Jesus das Land entreißen werde. Kurz: „Es geschieht viel Kurzweil", wie über ein Dreikönigsspiel in Köln berichtet wurde.

Daß die Aktualisierung der biblischen Legende weiterhin von den Bildmotiven der Dreikönigsspiele und entsprechender Altarbilder bestimmt blieb, dafür bietet Felix Timmermans Verlegung der Geschichte in unsere Zeit und in seine flämische Heimat das beste Beispiel:

Wie „das Jesuskind in Flandern" die heiligen drei Könige erlebt, das läßt an Pomp und Humor noch manches aus den alten Dreikönigsspielen hinter sich:

„Eine Bande von Gott weiß wieviel tausend Mohren und Wilden" ist im Anmarsch, wurde Maria und Josef zugerufen. „Es kommen drei Könige mit tausend Soldaten"! Zuerst der Vortrupp: „Sie saßen nicht nur auf Pferden, sondern auch auf Kamelen und Dromedaren, und es waren Tiere dabei, so groß wie ein Haus, mit einem Schwanz vorn und einem Schwanz hinten. Sie nennen das Elefanten." Dann folgte ein „Ozean von Soldaten mit Musik und Fahnen."

„Hinten, tief in der Mitte, wo alle Musik sich zusammenscharte, wo es wogte und summte, über einem Wald von kupferbenagelten Lanzen, schimmerten auf hohem Elefantenrücken die Türme einer goldenen Pagodenkapelle, worin apfelrot ein blasser König saß, und dahinter, jeder auf einem Kamel in einem Halbmond orientalischer Teppiche, saßen die beiden anderen."

Als dann nach der Huldigung und der Darbringung der Gaben einer der Könige das Jesuskind hoch über seinem Haupte erhob, um es der ganzen Volksmenge zu zeigen, da „schmetterten auf einmal alle Posaunen los, dröhnten donnernd die Pauken und summten wie Millionen Bienen die Muscheln, die Gonge und die Flöten. Es war ein Gejauchze und Fahnenschwenken, und die plötzlich hervorbrechende Huldigung vor dem neugeborenen König der Welt jubelte herrlich wie ein Orkan der Freude über das schöne Land."

Schließlich gab es auch hier „viel Kurzweil":

„Während die Krieger verstreut umherliefen, die einen zur Stadt, wo sie nicht genug Bier fanden, die anderen auf den Höfen, wo sie sich Speck mit Eiern und Milch vorsetzen ließen, saßen die drei Könige nebeneinander auf einem Baumstamm und plauderten vertraulich mit Maria und Josef, wie gute alte Kameraden." So wurde es spät, und „die Ferne verfloß in Purpur, und Sterne leuchteten auf. Der Abend kam voller Güte."

Während solche phantasievollen Ausschmückungen der biblischen Legende immer noch vorgelesen oder erzählt werden konnten, waren die Dreikönigsspiele allmählich zu Kinderspielen geworden. Das begann nicht vor dem 18. Jahrhundert; aber dann wurde doch vieles anders: Das Theater und sogar auch schon die Oper gewannen einen festen Platz im Bildungs- und Unterhaltungsprogramm der Bürger. Sie spielten nicht mehr; sie ließen spielen.

Übrig blieben die Sternsinger, die auch heute noch am Dreikönigstag, lustig kostümiert, von Haus zu Haus ziehen. Geblieben ist auch der Schalk, der den Buben im Nacken sitzt und sie zu manchem Schabernack verleitet.

Schon Goethe hatte dies erheiternde Ergebnis aus dem einst sehr ernst genommenen weihnachtlichen Evangelienspiel in der verschmitzten Dreistigkeit kostümierter kleiner Grüppchen bemerkt, denen der Anlaß als Vorwand für ihre Possen diente. 1781 gab er dem bekannten Sternsingerlied eine neue, persiflierende Form:

„Die heilgen drei König mit ihrem Stern,
Sie essen und trinken und zahlen nicht gern;
Sie essen gern, sie trinken gern,
Sie essen, trinken und bezahlen nicht gern.

Die heiligen drei König sind kommen allhier,
Es sind ihrer drei und nicht ihrer vier;
Und wenn zu dreien der vierte wär,
So wäre ein heiliger Dreikönig mehr!

Wir bringen Myrrhen, wir bringen Gold,
Dem Weihrauch sind die Damen hold;
Und haben wir Wein von gutem Gewächs,
So trinken wir drei so gut als ihrer sechs.

Da wir nun hier schöne Herren und Fraun,
Aber keine Ochsen und Esel schaun,
So sind wir nicht am rechten Ort
Und ziehn unseres Weges nun weiter fort.“

Felix Timmermans versuchte, die Legende aus der Märchenwelt der Kinder und dem Schabernack der Sternsinger herauszulösen und ihr eine diakonische Zielsetzung zu geben. Er wiederholte sie mit den Ärmsten seiner Gegenwart als handelnden Personen und stellte sie in seine flandrische Heimat:

Drei arme Männer gingen als Sternsinger zu dritt die Höfe ab, als die heiligen drei Könige verkleidet.

„Am Tag vorher, als es Abend wurde, war in dem fallenden Schnee ein knarrendes Kirmeßwägelchen, das ein alter Mann und ein Hund zogen, die Straße entlang gefahren, und hinter der Fensterscheibe hatte man das bleiche Gesicht einer schmalen, jungen Frau gewahrt, die schwanger war und große, betrübte Augen hatte." Die drei Männer trugen einen Pappstern, der sich auf einer Stange drehte, einen Strumpf, um das zu sammelnde Geld darin zu bergen, und einen Doppelsack, um die Eßwaren hineinzustecken. Der den Stern drehte, hatte sein Gesicht mit Schuhwichse geschwärzt. Erst spät hörten sie mit ihrem Singen auf und zählten das Geld im hellen Mondschein. „Junge, Junge! Genever für eine volle Woche!" Und so viel zu essen gab es!

Auf der Suche nach dem Wirtshaus, wo sie es sich endlich einmal wohl ergehen lassen wollten, verliefen sie sich im hohen Schnee und gerieten unversehens auf den Platz, an dem das Kirmeßwägelchen abgestellt war. Ein Lichtschein drang nach außen, und die drei klopften an. Angesichts der bitteren Not, die sich ihnen offenbarte, gaben sie alles her, was ihnen als Sternsinger zuteil geworden war.

Nun waren sie wieder ganz arm und dennoch glücklich: „Sie hörten Bienen summen, und unter dem Schnee, da, wo die Gräben waren, schimmerte es so hell, als brennten Lampen darunter."

Mit der diakonischen Zielsetzung versuchen heute die Kirchen, den Sternsingern eine Aufgabe an den Armen in der Welt zu geben. Einen bleibenden Gewinn vermittelt der Dienst an den Schwachen denen, die ihn leisten; er macht nicht nur die Empfänger glücklich!

Geblieben sind aus den Dreikönigsbräuchen auch manche Erinnerungen an den mittelalterlichen Volksglauben, der den drei Königen magische Heilkräfte zuschrieb. Vor allem sah man sie als Helfer gegen die Fallsucht (Epilepsie) an.

Gehandelt wurden einst Amulette und Ringe, die zuvor mit dem Kölner Reliquienschrein in Berührung gebracht worden waren und dadurch Heilkraft ausstrahlen sollten. „Dreikönigsmedaillen" und Medaillons sollten ihre Träger vor jeder Gefahr schützen, auch vor der Macht des Bösen. Noch im Kriege von 1866 sollen die österreichischen Soldaten kleine achteckige Medaillen als Amulette bei sich gehabt haben, die die Aufschrift trugen: „Hl. drei Könige, Caspar, Melchior, Balthasar bittet für uns jetzt und in der Sterbestunde."

In der Oberpfalz war die Meinung verbreitet, die hl. drei Könige schützen Haus und Hof gegen Feuersgefahr; auch gegen solche ernste Bedrohung wurde das Signum „C. M. B." eingesetzt.

Gegen Hagel und Unwetter brachte man die drei Namen auf Kirchenglocken an, in der Meinung: „So weit dieser Hall klingt, daß's net schauert und net brinnt", wie es in einem altbayerischen Dreikönigslied heißt.

Außerordentlich weit ist der Bereich vielfältiger Anliegen, für die noch bis in das 18. Jahrhundert hinein die Hilfe der drei Könige beansprucht und erwartet wurde.

Gegen Kinderkrankheiten, gegen Zahnweh, Blutungen, Fieber, gegen Hundebiß dienten Dreikönigsformeln, aber auch um Diebe aufzuspüren, funktionstüchtige Wünschelruten zu gewinnen, verborgene Dinge der Zukunft zu erkennen und vieles andere mehr.

Das Motiv der Wanderschaft der Könige, die dem Stern gefolgt waren, machte sie zu gesuchten Schutzpatronen für die Reisenden, die Pilger und die Wallfahrer.

Im Mittelalter war es üblich, vor dem Aufbruch zu einer Reise eine kirchliche Reisesegnung zu erbitten. Dafür sind eine Anzahl lateinischer Formeln erhalten geblieben.

Die Volkstümlichkeit des Reisepatronats der hl. drei Könige bezeugen auch viele volkssprachliche Gebete, wie z. B. dieses: „Ich trete über das Thür-Geschwell: Jesus + Maria + Joseph + die drey heiligen Könige, Kaspar + Melchior + Balthasar + seyen meine Weggesellen: Der Himmel ist mein Hut, die Erde meine Schuh, der Stern der drey Könige führe mich auf die rechte wahre Buß-Straßen. Diese sechs hl. Personen sind meine Gefährten; welche mir begegnen, die haben mich lieb und werth, dazu helfe mir Gott."

Die Bitte: „Der Stern der hl. drei Könige führe mich auf die rechte Straße", kehrt häufig wieder in den Reisegebeten, für die das folgende Beispiel angeführt sei:

„Im Namen Jesu stehe ich heute auf
und neige mich von ganzem Herzen zu meinem Gott:
die heiligen drei Könige

Kaspar, Melchior und Balthasar
seien meine Weggesellen.
Gehe ich in meinem Hause aus oder ein,
so sei der Himmel meine Beschützung.
Der Stern der hl. drei Könige
führe mich auf die rechte Straße;
alle, welche mir begegnen,
sollen mir keine schädlichen Feinde,
sondern aufrichtige, gute Freunde sein.
Kaspar, Melchior, Balthasar stehen mir bei
in allen meinen Unternehmungen,
Thun und Lassen,
Handel und Wandel,
Gehen und Stehen,
zu Wasser und zu Land;
sie wollen mich vor Unglück,
Feuer und Wasser
und vor allem, was dem Leibe und der Seele
schädlich sein mag,
mit ihrem mächtigen Beistande
allzeit behüten und bewahren!
Gott dem Vater ergebe ich mich,
in Gott den Sohn empfehle ich mich,
in Gott den heiligen Geist versenke ich mich.
Die heiligste Dreifaltigkeit sei ober mir,
Kaspar, Melchior, Balthasar seien bei und neben mir;
diese bewahren mich, mein Haus
und alles, was ich habe,
jetzt und allezeit.“

Eine wichtige Funktion für den Schutz der Reisenden unterwegs wurde den „Dreikönigszetteln" zugesprochen, die man immer bei sich tragen sollte. Zusammen mit den Initialien „C. M. B." fand sich ein gedruckter „Reisesegen" auf den Zetteln.

Seit dem 15. Jahrhundert sind Dreikönigszettel nachweisbar im Gebrauch gewesen. In Massen hergestellt, wurden sie häufig von Köln aus verbreitet. War die Jahreszahl vorgesehen, so wurden meist nur die beiden ersten Ziffern gedruckt, um die Platte lange verwerten zu können. Man ergänzte dann die beiden gedruckten Ziffern handschriftlich und erhielt so die volle Jahreszahl.

Ein Beispiel dafür ist der Dreikönigszettel aus der Abtei Sankt Lambrecht. Von der Jahreszahl wurden nur die beiden ersten Ziffern 18 gedruckt, die andern mußten handschriftlich hinzugefügt werden. Die älteste bekannte Zahl auf einem Exemplar dieses Zettels ist 1833; auf dem hier wiedergegebenen scheint es sich um die Jahreszahl 1855 zu handeln. Daraus ergibt sich, daß die Zettel nur für die Dauer eines Jahres als „gültig" erachtet wurden und um der erwarteten Wirkkraft willen jährlich erneuert werden mußten, – wie ja auch die C+M+B-Inschriften über den Türen alljährlich zu erneuern waren, und so ist es geblieben.

Der Zettel aus St. Lambrecht zeigt die Dreikönigsszene auf der unteren Hälfte. Im oberen Teil des Bildes schwebt Maria mit dem Kinde in den Wolken. Links davon ist ein Heiliger mit Pfeilen in der linken Hand dargestellt, rechts ein anderer mit einem Stab, an dem ein Gegenstand hängt, den er über der Schulter trägt. In den oberen Ecken, ebenfalls in Wolken schwebend,

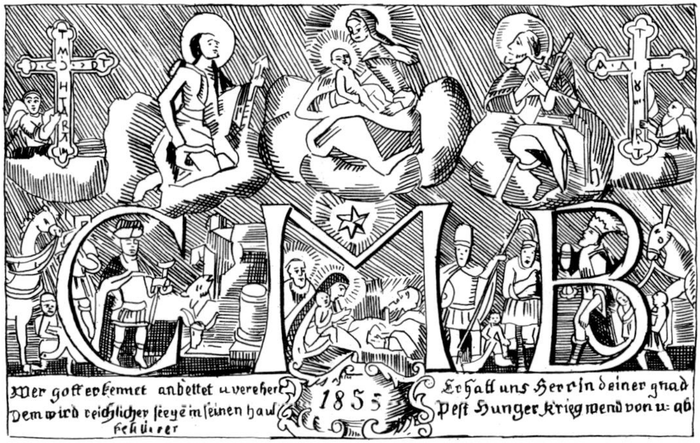

Dreikönigszettel, Mitte des 19. Jahrhunderts, aus der Abtei St. Lambrecht/Steiermark. Die beiden letzten Ziffern der Jahreszahl sind handschriftlich eingetragen worden.

wird je ein Kreuz mit zusammenhanglosen Buchstaben von einem Engel gehalten. Darunter steht der „Segen“:
„Wer Gott erkennt, anbettet u(nd) verehert, dem wird reichlicher seege(n) in seinem haus bescheret. Erhalt uns Herr in deiner gnad, Pest, Hunger, Krieg wend von u(ns) ab.“

Mit dem Heiligen, der die Pfeile trägt, dürfte Sebastian gemeint sein; als Pest-Heiliger wurde er verehrt. Der andere Heilige trägt einen langen Stab, oben mit einem Knopf versehen, an dem er einen Gegenstand über der Schulter trägt, vielleicht die Kürbisflasche der Pilger. Ein Helfer gegen Erkrankungen unterwegs und ein Geleitsmann aus dem Heiligenhimmel illustrieren die Hoffnungen und Gebete der Reisenden.

Wer nach der kirchlichen Reisesegnung und unter inständigem Gebet auch noch Dreikönigszettel mit ihren Beschwörungsformeln und dem „C. M. B.“ in die Schuhe legte, der konnte die Reise mutig antreten. Den Schutzbrief der heiligen drei Könige hatte er bei sich!

Wer als Reiter oder mit Pferd und Wagen unterwegs war und den Beschlagschmied aufsuchen mußte, dem bot sich auch für die Behandlung der Pferde die Hilfe der heiligen drei Könige an, wie eine Handschrift aus dem 16./17. Jahrhundert belegt, die im Germanischen Nationalmuseum in Nürnberg aufbewahrt wird. Es heißt hier:
„Das ein pferdt stehen mus, wenn mans beschlagen will. So sprich diese wordt dem pferde in das rechte ohre: Caspar, der fache dich, Balthasar der bynde dich, vnd Melchior der fiere dich.“

Da so gut wie alles fehlte, was heute eine Reise problemlos macht, bedeutete ein Gasthaus unterwegs eine willkommene Zuflucht, eine Herberge, die Stärkung, Ruhe und Sicherheit gewährte. Es verwundert nicht, daß die Wirte ihre Häuser, die sie den Reisenden als Gaststätten und Rasthäuser anboten, ebenfalls unter den Schutz der drei heiligen Könige stellten. Davon zeugen die noch immer geläufigen Bezeichnungen für Wirtshäuser und Hotels: „Zu den Heiligen Drei Königen", „Zur Goldenen Krone", „Zum Mohren", „Zum Goldenen Stern" und ähnlich.

In der Zeit des Massentourismus fällt es schwer zu begreifen, was eine lange, beschwerliche und gefahrvolle Reise für die Menschen von einst zu bedeuten hatte, und wie wichtig, vielleicht sogar lebensrettend, ein „Goldener Stern" am Wege sein konnte, ein Wegzeichen als Orientierungshilfe in mehrfacher Bedeutung!

Im übertragenen Sinne gelten alle Gefahrenmomente auf der Reise und alle Hoffnungszeichen unterwegs noch immer für das, was wir die Lebensreise nennen. Auf dieser Reise sind alle immer unterwegs.

Das ist eine Reise, für die die biblische Legende von den Magiern nicht nur auf ein endgültiges, letztes Ziel aufmerksam macht; sie leitet auch dazu an, dem guten Stern zu folgen und unterwegs Rastplätze zur Stärkung von Leib und Seele nicht zu verschmähen. Das Weihnachtsfest bietet einen vor allen anderen Festen herausgehobenen Ruhepunkt im Jahreslauf, und der Tag der heiligen drei Könige bildet den festlichen Abschluß der Weihnachtszeit.

Was ihm folgt, ist der Aufbruch in ein neues Jahr der Lebensreise. Bis in die Neuzeit verstand man den 6. Januar als den Beginn des neuen Jahres. Auch als der Jahresbeginn schon längst auf den 1. Januar festgelegt worden war, blieb man im Volk bei der alten Vorstellung und bezeichnete den 6. Januar auch als „Großneujahr". In Süddeutschland nannte man ihn bis ins 16. Jahrhundert den „obersten Tag" oder man sprach vom „Obersten".

Ein uralter religiöser Gedanke aus germanischer Vorzeit liegt dieser Auffassung zugrunde: In der Nacht zum 6. Januar gingen die sogen. „Zwölften" zu Ende, d. h. die Rauhnächte vom 25. Dezember bis zum 6. Januar. Das Wilde Heer war vorübergezogen. Die Gefahr war noch nicht völlig gebannt; aber der Abschluß gewährte Hoffnung, denn die letzte Nacht war der Göttin Berchta geweiht. Berchta – die „Glänzende" oder „Leuchtende", wie ihr Name besagt, – galt als vornehmste Göttin, die Licht, Wohlergehen und Fruchtbarkeit verleiht. Sie führt im Anschluß an die Wintersonnenwende Licht und Wärme wieder herauf.

In Oberbayern und in Tirol wird daher der 6. Januar häufig noch immer als „Perchtag" begangen, an dem die Burschen herumziehen und, abenteuerlich vermummt, mit Kuhglocken und knallenden Peitschen versehen, das „Perchtenlaufen" veranstalten.

Auch das Herumziehen der Sternsinger wird als „perchten gehen" bezeichnet.

Kein anderes Fest birgt in sich so wie das Epiphaniasfest oder der Dreikönigstag die Fülle religiöser Gedanken, kultischer Zeremonien, künstlerischer Gestaltungen, volkstümlicher Bräuche, herausgewachsen aus einer Vielzahl vorchristlicher und christlicher, orientalischer und europäischer Vorstellungen vom Leid und vom Glück des Menschen auf der Lebensreise.

Der Gedankenreichtum erfährt in der biblischen Legende von den Magiern eine Zielvorstellung, in der sich die Fülle zu einem eindrucksvollen Kultbild verdichtet: „Sie fanden das Kind mit Maria, seiner Mutter".

Josef wird in der Weihnachtsgeschichte des Lukasevangeliums zwar wie beiläufig zunächst erwähnt; aber nicht mehr, wenn es im Ergebnis heißt: „Maria behielt alle diese Worte und bewegte sie in ihrem Herzen" (Luk 2,19). Im Matthäus-Bericht von den weisen Magiern aus dem Morgenland kommt Josef überhaupt nicht vor. Die Gottesmutter und das himmlische Kind sind die allein sichtbaren Gestalten am Ziel der Legende.

Es ist nicht von ungefähr, daß dies Bild fast wie von selbst kultische Prägung gewann. Es bewog mittelalterliche Künstler, die Muttergottes als byzantinische Fürstin darzustellen, die in fast regungsloser, königlicher Haltung auf einem altarähnlichen Thron sitzt, und ihren Sohn nicht als unbeholfenen Säugling abzubilden, sondern als einen Prinzen des Kaiserhauses, dem die drei fürstlichen Magier, in gebührend respektvollem Abstand, ihre Aufwartung machen und ihr Opfer darbringen.

Das Abbild der Gottesmutter mit ihrem Sohn folgt einem Urbild, das – wie der gesamte Epiphaniaszyklus – zurückreicht in die Welt der ägyptischen Mythen.

Das Bild der Muttergöttin Isis mit dem Horosknaben ist das direkte Vor-Bild für die Darstellungen der Gottesmutter Maria mit dem Jesusknaben. Der ungewöhnlichen Beliebtheit der Isis ist es zuzuschreiben, daß ihr Kultbild in das frühe Christentum Ägyptens offenbar problemlos eindringen konnte. Das wird durch beredte Zeugnisse bestätigt.

Ein ägyptisches Relief aus dem 4. Jahrhundert sei als Beispiel benannt, auf dem Isis zu sehen ist, wie sie das Horoskind auf ihrem Schoß stillt. Durch viel spätere Eingriffe wurde das Relief in beiden oberen Ecken mit je einem deutlich sichtbaren Kreuz versehen. So war aus dem Bild der den Horosknaben stillenden Isis das Bild der ihr Jesuskind stillenden Maria geworden.

Nur etwa 100 Jahre nach der Entstehung dieses Reliefs kam es zu folgendem kirchenamtlichen Schritt: Die zentrale Kultstätte der Isisverehrung in Ägypten befand sich in Alexandria, wo die jungfräuliche Muttergöttin Isis mit dem Prädikat „Theotokos" angerufen wurde, d.h. „Gottesgebärerin", „Gottesmutter". Es war der Patriarch von Alexandria, der auf dem Konzil von Ephesus im Jahre 431 den Antrag stellte, Maria, der Mutter Jesu, dies Prädikat „Theotokos" zuzuerkennen. So geschah es. Und so ging mit den Kultbildern auch die kultische Verehrung von der ägyptischen Muttergöttin auf die Mutter Jesu über, die seitdem als „Gottesmutter" verehrt wird.

Mit dem Bilde der Gottesmutter und ihrem Kind am Schluß des Evangeliums an Epiphanias von den Weisen aus dem Morgenland schließt zugleich der ganze weihnachtliche Festkreis ab. Vor diesem Bilde niederzufallen, es anzubeten und ihm Opfer darzubringen, das ist es, wozu das Vorbild der Weisen anleitet.

Der Opferkult, wie er hier durchschimmert, gibt dem menschlichen Tun und unseren Entschlüssen ein fragwürdiges Gewicht. So kam es zu einer neuen Weiterführung der alten Legende:

Sie erzählt, daß nach den drei Königen noch drei ganz andere Gestalten gekommen seien, um dem Jesuskind ihre Gaben zu bringen, drei unansehnliche Gestalten, ohne Gefolge. Der erste, in Lumpen gehüllt, schaute hungrig umher; der zweite, vornüber gebeugt, trug Ketten an den Händen; der dritte machte den Eindruck eines Verzweifelten, der traurig wie nach etwas Verlorenem Ausschau hielt.

Vor der Krippe wußte niemand, wer hier ärmer war: das Kind auf dem Strohlager oder seine Gäste mit ihren staubbedeckten, müden Gesichtern. Da wollte Josef den drei armen Männern geben, was die Könige soeben gebracht hatten: Gold, Weihrauch und Myrrhe. Aber sie lehnten ab, traten zum Kind und sagten: „Du bist nicht aus der Welt des Goldes, des Weihrauchs und der Myrrhe, so wenig wie wir. Du gehörst in unsere Welt der Not, der Plage und des Zweifels. Darum bringen wir dir dar, was uns und dir gemeinsam ist."

Der erste legte ihm seine Lumpen auf das Stroh mit den Worten: „Du wirst sie einmal brauchen, wenn sie dir deine Kleider nehmen". Der zweite streifte seine Ketten ab und gab sie dem Kind und sagte: „Man wird sie dir einst umlegen, wenn man dich wegführt. Denk dann an mich!" Der dritte sprach: „Nimm meinen Zweifel und meine Gottverlassenheit. Ich habe sonst nichts. Trage sie vor Gott hin, wenn du so weit sein wirst."

An der Krippe hatten sie den Ort gefunden, an dem sie ihre Last niederlegen konnten: Die Not, die Plage und die Gottverlassenheit.

Die Erzählung schärft den Blick für die Realitäten heute, wenn wir in unseren Häusern das Weihnachtsfest an Epiphanias beschließen.

Heute sind es nicht die weisen Magier von einst, die zur Krippe hintreten, nicht die drei heiligen Könige mit der Demonstration ihres Reichtums und ihrer Macht, auch nicht die drei armen Männer, die ihr Glück, ihre Freiheit und die Freude des Glaubens verloren hatten. Heute bin ich es: „Ich steh an deiner Krippe hier, o Jesu, du mein Leben". Paul Gerhardt hat diesen Gedanken in dem schönsten Weihnachtslied aus seiner Feder für uns aktuell gemacht: Mich geht es an; ich bin an der Reihe!

Was ich zu bringen habe, konnte noch nirgendwo deutlicher zum Ausdruck kommen als in diesem Lied, in unserer Besinnung vor der Krippe:

„Nimm hin, es ist mein Geist und Sinn,
Herz, Seel' und Mut, nimm alles hin
Und laß dir's wohlgefallen"!

Nimm alles hin, was mich bedrückt und belastet, nimm hin, was mich freut, und laß mich dann getrost ausschreiten, wie es die heiligen drei Könige taten, auf das nächste mir gewiesene Ziel der Wegfahrt durch mein Leben.

Anbetung des Kindes. Altarbild von Meister Franke (14. Jahrhundert), Englandfahrer-Altar, Kunsthalle Hamburg.

Ich lag in tiefster Todesnacht,
du warest meine Sonne,
die Sonne, die mir zugebracht
Licht, Leben, Freud und Wonne.
O Sonne, die das werte Licht
des Glaubens in mir zugericht',
wie schön sind deine Strahlen

Ich sehe dich mit Freuden an
und kann mich nicht satt sehen;/
und weil ich nun nichts weiter kann,/
bleib ich anbetend stehen./
O daß mein Sinn ein Abgrund wär/
und meine Seel ein weites Meer,/
daß ich dich möchte fassen!

LIEDER

Literatur

St. Martin

Athanasius von Alexandria, Die Vita des Antonius, übers. von Hans Mertel, BKV Bd. 31, Kempten und München 1917

Wolfgang Beinert (Hrsg.), Die Heiligen heute ehren. Eine theologisch-pastorale Handreichung, Freiburg-Basel-Wien 1983

Stephan Beissel S.J., Die Verehrung der Heiligen und ihrer Reliquien in Deutschland bis zum Beginn des 13. Jahrhunderts (Erg.-H. zu „Stimmen aus Maria-Laach“ 47), Freiburg i. B. 1890

Carl Albrecht Bernoulli, Die Heiligen der Merowinger, Tübingen 1900

Johannes Bischoff, Zur Frühgeschichte Erlangens, in: Bausteine zur fränkischen Heimatforschung, Erlangen 1957, 1./2. Heft

Arno Borst, Lebensformen im Mittelalter (Ullstein-Sachbuch), Frankfurt-Berlin-Wien 1979

Peter Brown, Welten im Aufbruch: Die Zeit der Spätantike, deutsch von Edgar Pack, Bergisch-Gladbach 1980

Gregor von Tours, Historiarum libri decem / Zehn Bücher Geschichten, mit deutscher Übersetzung, hrsg. von Rudolf Buchner, 2 Bde., 4. Aufl., Darmstadt 1970/74

Albert Hauck, Kirchengeschichte Deutschlands, Bd. I, Leipzig 1922

Paul Herrmann, Altdeutsche Kultgebräuche, Jena 1928

Josef Andreas Jungmann S.J., Advent und Voradvent, Überreste des gallischen Advents in der Römischen Liturgie, in: ders. (Hrsg.), Gewordene Liturgie, Innsbruck-Leipzig 1941

Marlies Kiendl, Sankt Martin und der Bettler, Anspruch und Antwort, in: Dt. Pfarrerblatt, 78. Jg., 1978, S. 656f.

Hans Kreßel, Bischof Martin von Tours und seine geschichtliche Sendung, Erlangen (1980)

Die „Legenda aurea“ des Jacobus de Voragine. Aus dem Lateinischen übersetzt v. Richard Benz, 9. Aufl., Heidelberg 1979

Hans Lietzmann, Geschichte der Alten Kirche, Bd. 4, Berlin 1944

Hans Maier, Aus dem Mantel, in: ders. Hilfe, ich bin normal. Neue Streiflichter zur Zeit (Herder Bd. 914), Freiburg i. B. 1981, S. 115f.

Karl Meisen, Sankt Martin im volkstümlichen Glauben und Brauch, in: Rheinisches Jahrbuch für Volkskunde, 19. Jg. 1969

Alice Miller, Am Anfang war Erziehung, Frankfurt a. M. 1980

Gerhard Pfeiffer, Ortsnamengebung und Heiligenverehrung in Franken, in: 120. Bericht des Historischen Vereins Bamberg, 1984, S. 237 - 251

Gaston Richolet, Kostümprobe mit einem Heiligen. Variationen über ein geistliches Thema, Würzburg 1963

Salvianus von Massilia, De gubernatione Dei, übersetzt von Anton Mayer, BKV II, Bd. 21, München 1935

Paul Sartori, Sitte und Brauch, 3. Teil, Leipzig 1915

Sybil Gräfin Schönfeldt, Das große Ravensburger Buch der Feste und Bräuche (durch das Jahr und den Lebenslauf), Ravensburg 1980

Matthias Simon, Evangelische Kirchengeschichte Bayerns, 2 Bde., München 1942

Sulpicius Severus, Vita Martini, Epistolae, Dialogi, übersetzt von Pius Bihlmeyer, BKV Bd. 20, Kempten 1914

Hans Trümpy (Hrsg.), Die Fasti des Baptista Mantuanus von 1516 als volkskundliche Quelle (Bibliotheca Humanistica et Reformatorica Vol. XXVI), Nieuwkoop 1979

Hermann Weingart, Art. „Martin von Tours", in: RE, 2. Aufl., Bd. IX, 1881, 374 ff.

St. Nikolaus

Gustav Anrich, Hagios Nikolaos – Der heilige Nikolaus in der griechischen Kirche, Texte und Untersuchungen.
Bd. I: Die Texte, Leipzig-Berlin 1913;
Bd. II: Prolegomena, Indices, Leipzig-Berlin 1917

Therese Bauer, Das Oldinger Jahr. Brauch und Sitte im Bauernstand, Erfurt 1944

Theodor Glaser, Nikolaus – der Freund Gottes, in: Kirche im Rundfunk, 36. Jg., 1987, Nr. 24

Lothar Heiser, Nikolaus von Myra – Heiliger der ungeteilten Christenheit, Trier 1978

Peter Manns (Hrsg.), Die Heiligen, 4. Aufl., Mainz 1979

Karl Meisen, Nikolauskult und Nikolausbrauch im Abendland, eine kultgeographische-volkskundliche Untersuchung, Düsseldorf 1931

Sigrid Metken, Sankt Nikolaus in Kunst und Volksbrauch, Duisburg 1966

Rüdiger Müller, Sankt Nikolaus, der Heilige der Ost- und Westkirche, Freiburg i. B. 1982

Alice Rahner, Nikolauslegenden (ed. Slawisches Institut, München), München 1963

Gertrude und Thomas Sartory, Der Heilige Nikolaus – Die Wahrheit der Legende, Freiburg i. B. 1981

Otto Schlißke, Apfel, Nuß und Mandelkern, 6. Aufl., Neukirchen-Vluyn 1983

Sybil Gräfin Schönfeldt/Ilse Ströbl-Wohlschläger, Das große Ravensburger Weihnachtsbuch, Ravensburg 1972

Jacobus de Voragine, Legenda aurea. Deutsch von Richard Benz, Jena 1925

Der Weihnachtsbaum

Hanns Bächthold-Steubli (Hrsg.), Handwörterbuch des deutschen Aberglaubens, Berlin 1942

Dorothea Forstner, Die Welt der christlichen Symbole, 5. Aufl., Innsbruck-Wien 1986

Hans Gercke (Hrsg.), Der Baum in Mythologie, Kunstgeschichte und Gegenwartskunst, Heidelberg (1987)

Herbert Gottschalk (Hrsg.), Lexikon der Mythologie, 2. Aufl., Berlin 1982

Gertrud Höhler, Die Bäume des Lebens, Stuttgart 1985

Gottfried Honnefeld (Hrsg.), Das Insel-Buch der Bäume, Frankfurt a. M. 1977

Herbert Hunger, Lexikon der griechischen und römischen Mythologie, 6. Aufl., Wien 1969

C. G. Jung, Der Mensch und seine Symbole, 12. Aufl., Olten und Freiburg i. B. 1980

Herbert Koch, Sonderformen des Heilandkreuzes, Straßburg 1934

Klementine Lipffert, Symbol-Fibel, Kassel 1955

Manfred Lurker, Der Baum in Glauben und Kunst, Baden-Baden/Straßburg 1960

Hugo Rahner, Griechische Mythen in christlicher Deutung, Darmstadt 1957

Gertrud Schiller, Ikonographie der christlichen Kunst, Bd. I, Gütersloh 1966

Otto Schlißke, Apfel, Nuß und Mandelkern, 6. Aufl., Neukirchen-Vluyn 1983

Walter Schoenichen, Von deutschen Bäumen, Berlin 1950

Nathan Söderblom, Thiele-Söderbloms Kompendium der Religionsgeschichte, 6. Aufl., Berlin 1931

Hl. Drei Könige

Therese Bauer, Das Oldinger Jahr. Brauch und Sitte im Bauernstand, Erfurt 1944

Ludwig Eisenhofer, Grundriß der Liturgik des römischen Ritus, 5. Aufl., neu bearb. v. Joseph Lechner, Freiburg i. B. 1950

A. Freybe, Der Dreikönigstag und seine Feier in der Kirche, in deutscher Dichtung und Sitte, in: Allgem. Evang.-Lutherische Kirchenzeitung, 42. Jg., Leipzig 1909, Sp. 9ff., 29ff., 52f.

Die Briefe des Ignatius von Antiochia, erklärt von Walter Bauer (HNT, Erg.-Bd.: Die Apostol. Väter II), Tübingen 1920

Josef Andreas Jungmann, Gewordene Liturgie, Innsbruck/Leipzig 1941

Hugo Kehrer, Die „Heiligen Drei Könige“ in der Legende und in der deutschen bildenden Kunst bis Albrecht Dürer, Straßburg 1904

Hugo Kehrer, Die Heiligen Drei Könige in Literatur und Kunst, 2 Bde., Leipzig 1908/1909

Alfred Läpple (Hrsg.), Volksrituale II. Weihungen und Segnungen im Kirchenjahr, Aschaffenburg 1974

Karl Meisen, Die heiligen drei Könige und ihr Festtag im volkstümlichen Glauben und Brauch, Köln 1949

Gertrud Schiller, Ikonographie der christlichen Kunst, Bd. I, Gütersloh 1966

Hermann Schnitzler, Der Dreikönigsschrein, Bonn 1939

Werner Schütz, Das Kirchenjahr. Sein Werden und seine Probleme, Gütersloh 1963

Felix Timmermans, Das Jesuskind in Flandern, Leipzig 1920

Felix Timmermans, Das Triptychon von den heiligen drei Königen, Leipzig (1924)

Publius Maro Vergil, Aeneis, Goldmann-Klassiker 7582

Inhalt

